오직 여호와의 율법을 즐거워하여 그 율법을 주야로 묵상하는 자로다.

그 행사가 다 형통하리로다. (시편 1:2-3)

복 있는 사람
오직 여호와의 율법을 즐거워하여 그 율법을 주야로 묵상하는 자로다.
저는 시냇가에 심은 나무가 시절을 좇아 과실을 맺으며 그 잎사귀가 마르지 아니함 같으니
그 행사가 다 형통하리로다. (시편 1:2-3)

창세기에 나타난 복음

창세기에 나타난 복음

D. Martyn Lloyd-Jones

The Gospel in Genesis

창세기에 나타난 복음

마틴 로이드 존스 지음 | 정상윤 옮김

복 있는 사람

창세기에 나타난 복음

2010년 4월 26일 초판 1쇄 발행
2022년 5월 13일 초판 8쇄 발행

지은이 마틴 로이드 존스
옮긴이 정상윤
펴낸이 박종현
(주) 복 있는 사람
서울특별시 마포구 연남동 246-21
Tel 723-7183(편집), 723-7734(영업 마케팅) | Fax 723-7184
hismessage@naver.com
등록 1998년 1월 19일 제1-2280호

ISBN 978-89-6360-018-5

The Gospel in Genesis
by D. Martyn Lloyd-Jones

Copyright ⓒ 2009 by Elizabeth Catherwood and Ann Beatt
Originally published in English under the title
The Gospel in Genesis
Published by Crossway Books
a Publishing ministry of Good News Publishers
Wheaton, Illinois 60187, U.S.A.

This edition published by arrangement with Good News Publishers
through rMaeng2, Seoul, Korea.
Korean Copyright ⓒ 2010 by The Blessed People Publishing Co., Seoul, Korea.
All rights reserved.

차례

* 이 책에 실린 설교들은 1955년 런던 웨스트민스터 채플에서 전해졌다.

성경의 메시지 *1*

그런데 뱀은 여호와 하나님이 지으신 들짐승 중에 가장 간교하니라. 뱀이 여자에게 물어 이르되 하나님이 참으로 너희에게 동산 모든 나무의 열매를 먹지 말라 하시더냐?

창세기 3:1

제가 창세기 3장에 주의를 환기시키는 것은 성경이라는 이 책의 핵심 메시지를 함께 살펴보기 위해서입니다. 우리는 여러 면에서 그 필요성과 당위성을 느껴 왔습니다.

세상에 문제가 있다는 것―각 개인의 삶과 세상 전체에 문제가 있다는 것―은 모든 사람이 인식하는 사실입니다. 온전하고 완벽한 행복이란 존재하지 않습니다. 누구나 어려움을 겪습니다. 지친다는 것이 무엇인지, 실망한다는 것이 무엇인지, 투쟁한다는 것이 무엇인지 모르는 사람은 아무도 없습니다. 속에도 갈등이 있고, 주변에도 갈등이 있습니다. 이것은 인간 공통의 경험입니다. 옥에는 항상 티가 섞이게 마련입니다. 순수한 즐거움이란 존재하지 않습니다. 살다 보면 반드시 어려운 일이 생기고 복잡한 상황이 생긴다는 것을 누구나―아무리 젊은 사람이라도―알고 있습니다. 그러면서도 '원래 이렇지는 않았을 텐데' 하는 생각을 떨치지 못합니다. 우리는 이렇게 사는 것이 싫습니다, 이런 삶에서 벗어나고 싶습니다. 사람들이 저마다 해결책을 찾아나서는 궁극적인 이유가 바로 여기 있습니다. 너 나 할 것 없이 삶의 문제를 해결할 방안을 찾아나섭니다. 그러나 쉽지가 않습니다. 성찰과 실망이 거듭됩니다. 그러면서도 어떻게 해서든지 이 막다른 골목에서 빠져나갈 출구를 찾으려 합니다.

　자기 자신을 바라보든 더 크게 세상을 바라보든 공히 맞닥뜨리는 것은 환난과 시련과 비참과 불행입니다. 우리는 이 현실을 외면할 수가 없습니다. 신문을 펼칠 때마다 이 현실을 확인하게 됩니다. 라디오 뉴스를 켤 때마다 세상이 얼마나 혼란스러운지 확인하게 됩니다. 세계적인 큰 전쟁들은 차치하고라도 크고 작은 오해와 불화가 끊이지 않으며, 상치되는 목적을 위한 힘겨루기와 경쟁, 시기와 분열, 당 짓는 일들이 끊이지 않습니다. 세계는 개인적인 경험의 확대판이라 할 만합니다. 그래서 종종 인간을 소우주라고 칭하나 봅니다. 인간 자체가 우주 전체의 특징을 보여 줍니다. 인간이 서로 충돌하듯이 우주도 서로 충돌하는 것 같습니다. 어느 시인의 표현대로 우리는 "피로 물든 이빨을 드러내며 발톱을 세운 자연"을 봅니다.* 이처럼 우주에도 늘 투쟁—생존 투쟁, 권력 투쟁, 우위를 점하려는 투쟁—이 끊이지 않는 것 같습니다.

　우리가 이 자리에 모인 것은 바로 이런 현실을 살펴보기 위해서입니다. 신앙을 순전히 지적인 문제로 생각하는 이들이 여전히 많다는 점에서 이 사실은 중요합니다. 성경은 현실과 거리가 먼 책으로 우리 삶과 완전히 동떨어진 이야기를 한다고 주장하는 이들이 있습니다. 그러니까 성경에 관심이 있는 사람은 다른 공부를 하듯이—예컨대 음악이나 문학 공부를 하듯이—일종의 취미로 읽으라는

---

* 알프레드 테니슨Alfred Tennyson, 'A.H.H.를 기념하여In Memoriam A.H.H.'

것입니다. 어느 정도는 방관자처럼 초연한 태도로 여가 시간에 읽으라는 것입니다.

이것은 완전한 오해입니다. 저는 이것이 얼마나 무서운 오해인지 보여드리고자 합니다. 실제로 성경의 가르침만큼 현실적인 가르침은 어디에도 없습니다. 성경의 전적인 목적은 우리의 현실을 밝히 설명하고 그 현실에 관한 교훈을 주려는 데 있습니다. 성경은 바로 이를 위해 기록된 책이며, 이에 대해 말하는 책입니다. 이런 관점에서 보면 처음부터 끝까지 인간을 다루는 성경이야말로 어떤 점에서 가장 인간적인 책이라고 할 수 있습니다. 이 때문에 많은 이들이 그토록 당황하는 것입니다. 성경을 일정한 관점이나 사상의 노선을 제공하는 이론서로만 생각하던 사람들은 당황할 수밖에 없습니다.

물론 성경에는 방대한 사상과 중대한 철학, 비범한 가르침이 있습니다. 그러나 처음부터 끝까지 성경을 관통하는 특징은 역사서로서의 특징입니다. 성경을 읽어 보면 온통 사람들의 이야기—아담과 하와, 가인과 아벨, 다윗을 비롯한 여러 왕들, 나사렛 예수, 이름난 사도들, 예수 그리스도의 종 바울의 이야기—로 가득한 것을 알 수 있습니다. 성경은 시종일관 그들을 통해—그들이 행동, 그들이 말, 그들이 겪은 일 등을 통해—진리를 제시합니다. 마치 제가 강조하는 점, 즉 성경은 삶을 다루는 현실적인 책이라는 점을 각인시키고자 그렇게 하는 것처럼 보입니다. 성경은 영혼의 교과서입니다. 정확하게 우리가 있는 자리로 찾아와 그에 대한 메시지를 전해 줍니다.

이제 개인의 관점과 세상의 관점에서 성경을 살펴봅시다. 지금 여러분은 불행합니까? 그래서 제가 그에 대해 과연 무슨 말을 할까 궁금히 여기고 있습니까? 그렇습니다. 성경은 여러분의 불행을 다룹니다. 우리가 먼저 생각할 질문은 이것입니다. 여러분이 불행한 이유가 무엇일까요? 불행한 원인이 무엇일까요? 사람은 왜 불행해야 할까요? 삶은 왜 휴일의 연속이 될 수 없을까요? 사람은 왜 땀을 흘리며 일을 해야 할까요? 성경은 이 질문을 다루고 있습니다. 도대체 세상이 왜 이렇게 되었느냐는 것입니다. 왜 질병과 아픔을 겪어야 하느냐는 것입니다. 왜 죽어야 하느냐는 것입니다. 이것은 삶의 주요한 문제들입니다.

이 문제들에서 출발해야 한다는 사실을 아는 것이 아주 중요합니다. 사람들은 신앙을 논할 때 "아, 재미있겠네요. 기적에 대해 이야기해 보면 어때요?"라고 말하는 경우가 많습니다. 그리고 즉시 "과학은 이러저러하게 말하던데요"라고 덧붙이며, 자신과는 아무 상관없는 문제, 순전히 이론적인 문제를 다루려 합니다. 그러나 성경은 그렇게 접근하지 않습니다. 성경은 정확하게 우리가 있는 곳으로 찾아옵니다. 지금 이 순간 우리가 있는 자리로 찾아와 말을 겁니다. 성경이 항상 고집하는 접근법이 이것입니다. "나는 너한테 관심이 있다. 바로 너에 대해 이야기하고 싶다"라는 것입니다.

그러므로 우리는 이 자리에서 초연한 태도로 몇 가지 철학적인 문제에 대해 이론적인 토론을 벌이지 않을 것입니다. 여러분과 저 자신에 대해, 세상사람 모두에 대해, 우리가 살고 있는 세상의 전반적인 상태에 대해 이야기할 것입니다. 저는 성경이 이 모든 문제에 대해 무슨 말을 하는지 알려 드리고 싶습니다.

　세상과 삶을 바라보는 관점, 세상이 이 지경이 된 이유를 설명해 주는 관점은 두 가지입니다. 성경의 관점과 또 다른 관점 중에 선택을 해야 하는 것입니다. 이처럼 성경 메시지와 그 밖의 모든 메시지를 가르는 것은 저의 자의적인 구분법이 아니라 성경이 인정하는 구분법입니다. 저는 성경 메시지 외에 다른 메시지에는 별 관심이 없습니다. 그것들은 성경에 기초하지 않았다는 점에서 다 같은 범주에 속해 있습니다. 성경은 그런 메시지들과 공통점이 없습니다. 그런 메시지들과 확연히 구별됩니다. 성경은 스스로 유일무이하다고 주장합니다. 이것은 세상의 그 어떤 책도 할 수 없는 주장입니다.

　제가 다루려는 것은 성경 메시지이므로, 이 주제를 더 자세히 다루지는 않겠습니다. 그러나 원한다면 성경이야말로 유일무이한 책이요 신적인 영감으로 기록된 책임을 입증하는 성경 내의 증거들을 얼마든지 제시할 수 있습니다. 그뿐 아니라 이후 인간 역사의 과정에 나타난 증거들도 얼마든지 제시할 수 있습니다. 그러나 지금은 '오직 성경의 책장을 넘길 때에만 정확한 현실 인식의 기반 위에서 인간과 세상의 삶을 바라보는 시각을 발견할 수 있으며, 우리 각 개인이 이 지경이 된 이유와 세상이 이 지경이 된 이유, 역사가 이런 식으로 흘러온 이유를 밝혀 주는 시각을 발견할 수 있다'라는 주장만 하고 넘어가도록 하겠습니다. 오직 이 책만이 제대로 된 설명을 해 준다는 것이 저의 주장입니다. 혹시 다른 시각을 가진 분들은 그 시각으로 도저히 설명되지 않는 부분이 있음을 인정할 것입니다. 반복하지만, 성경은 스스로 유일무이한 책이라고 주장하며, 하나님이 인간을 통해 여러 방법으로 기록해 주신 책이라고 주장합니다. 이 책이 하는 일은 당연히 긴요하고 주된 기본 사실들을 설명하는 것입니다.

지금부터 저는 일반적인 차원에서 이 주제를 다루고자 하는데, 여기에는 의도가 있습니다. 성경은 세세한 내용들이 모여 하나의 큰 덩어리를 이루고 있는 책입니다. 평소에 제가 설교하는 방식은 그것을 한 절씩, 또는 그보다 더 작은 단위로 나누어 강해하는 것이었습니다. 그 방법은 맞습니다. 그렇게 해야 합니다. 그러나 요즘은 성경의 전반적인 메시지를 한 번도 제대로 살펴보지 않는 이들이 점점 늘고 있는 추세이기 때문에 때로는 전반적인 메시지를 살펴보는 일도 유익하다고 생각합니다. 그런 사람들은 특정 구절에 걸려 넘어집니다. 한 가지 사실에 막혀 앞으로 나아가지 못합니다. 나무만 보다가 숲을 보지 못합니다. 그러므로 저는 숲을 보듯이, 오늘날 삶의 현장에 주어지는 성경의 일반적인 말씀을 살펴봄으로써 그 메시지를 제시하고자 합니다. 그렇게 할 때 요즘 사람들이 일반적으로 널리 믿고 가정하는 바와 성경의 실제 내용이 모든 면에서 완전히 반대가 된다는 사실을 깨달으리라 생각합니다.

우리 자신과 우리가 사는 세상을 이해하고자 할 경우, 반드시 알아야 할 성경의 진리가 몇 가지 있습니다. 그것이 무엇일까요? 자,

창세기 첫 세 장에 전부 나옵니다. 성경의 역사관과 인간관이 전부 나옵니다. 굳이 다른 본문을 찾아볼 필요가 없습니다. 여기 전부 나옵니다. 그것이 무엇입니까? 나는 삶을 어떻게 바라보고 있습니까? 나 자신과 나의 문제, 나의 실망, 나의 불행을 어떻게 이해하고 있습니까? 이 현실에 맞설 수 있는 길이 무엇입니까? 이것이 우리의 문제 아닙니까? 이것은 지극히 당연하고 합당한 질문입니다. 제가 이 질문에 내놓을 수 있는 답이 무엇이겠습니까?

자, 성경은 아주 이례적인 방식으로 이야기를 시작하고 있습니다. "태초에……." 성경은 하나님에게서 출발합니다. 벌써 여기서부터 다른 인생관들과 궁극적으로 다른 점이 드러나고 있습니다. 나 자신과 내 문제에 대해 묻기 전에 필히 먼저 물어야 할 질문이 있습니다. 세상은 과연 어떻게 생겨났을까요? 나는 어떻게 생겨났을까요? 삶이란 대체 무엇일까요? 삶의 기원은 무엇일까요?

오늘날 세상의 비극은 너무 눈앞의 문제에서 출발한다는 것입니다. 그래서 어느 시인*은 "우리는 세상에 너무 빠져 있다네"라고 노래하기도 했습니다. 이것이 우리의 고질병입니다. 우리는 세상 한복판에 있습니다. 세상과 너무 밀접한 탓에 전체를 제대로 보지 못합니다. 전체를 제대로 보려면 때로 뒤로 물러날 필요가 있습니다.

* 윌리엄 워즈워스William Wordsworth

영국만 아는 사람이

영국에 대해 무엇을 알까?

　　—러드야드 키플링Rudyard Kipling, '영국 국기The English Flag'

영국을 제대로 알려면 외국에 가 보아야 합니다. 자기 나라를 제대로 평가하려면 다른 나라에 가 보아야 합니다. 런던 거리에 살면서 그 근방만 돌아다니는 사람은 런던에 대해 거의 아무것도 알 수가 없습니다. 더 널리 보아야 하고, 더 멀리 보아야 합니다. 전체적으로 보아야 합니다. 마찬가지로 여러분의 문제를 다룰 때에도 그 문제에 곧장 달려들면 안 됩니다. 뒤로 물러나야 합니다. 맥락을 보아야 합니다.

저는 이것이 문제를 푸는 핵심이라고 생각합니다. 수학자나 화학자—특히 분석 화학자나 그 영역의 문제를 풀어야 하는 사람—를 찾아가 "당신은 문제를 다룰 때 어떻게 합니까?"라고 물어 보십시오. 십중팔구 그 문제를 곧장 다루지는 않는다는 대답이 돌아올 것입니다. 그들이 맨 처음 하는 일은 그 문제를 한 집단에 소속시키는 것입니다. 차례차례 더 큰 집단에 소속시키는 것입니다.

물질의 정체를 밝히려 하는 화학자를 보십시오. 그가 하는 일이 무엇입니까? 자, 가장 먼저 하는 일은 광범위한 시험을 해 보는 것입니다. 그렇게 수많은 가능성들을 소거해 나가면서 점점 범위를 좁혀 물질의 핵심적인 특질을 찾아내는 것입니다. 의사가 진단을 내릴 때도 마찬가지입니다. 환자가 말하는 특정 증상에 바로 집중

하면 안 됩니다. 그렇습니다. 더 광범위한 기반, 더 폭넓은 맥락에서 출발하여 점점 범위를 좁혀 나가면서 원인을 찾아내야 합니다. 여러 가지 요소들을 하나씩 제거해 나가야 합니다.

어느 저명한 내과의사가 환자를 진단하는 방식에 대해 말하는 것을 들은 적이 있습니다. 그가 첫째로 하는 일은 환자의 말을 듣는 것입니다. 그러고 나서 환자를 검사합니다. 이제 그에게는 많은 자료가 생겼습니다. 환자의 증상과 불편사항뿐 아니라 자신이 직접 조사해서 알게 된 자료까지 생겼습니다. "저는 '이 모든 특징을 망라하고 포괄하는 병이 뭘까?'라고 묻습니다. 그리고 볼링 핀을 세워 놓듯이 모든 가능성을 줄줄이 세워 놓은 후에 뒤로 물러나 그 핀들을 향해 공을 굴리지요. 마지막에 남는 핀이 올바른 진단입니다." 이것이 그 의사가 말한 진단방법이었습니다.

제가 말하려는 바는, 저와 여러분의 특정한 문제에도 같은 방법을 적용해야 한다는 것입니다. 여러분은 말합니다. "나는 불행합니다. 갈등을 느끼고 있습니다. 위기를 겪고 있습니다. 대체 무엇이 잘못되었을까요?" 이에 대해 성경은 마치 여러분의 문제 같은 건 깡그리 잊은 듯 "태초에……"라고 말을 꺼냅니다. 그러나 잊은 것이 아닙니다! 여러분 자신과 여러분의 삶을 이해하는 유일한 방법은 바로 하나님에게서 출발하는 것입니다. 그렇기 때문에 성경이 우리를 태초로 데려가는 것입니다. 이 점을 분명히 알지 못하면 잘못된 길로 갈 수밖에 없습니다.

그러므로 하나님이라는 분이 과연 계시는지부터 알아보는 일이 아주 중요합니다. 만물은 하나님이 행동하신 결과로 존재하게 되었을까요, 아니면 맹목적이고 비인격적인 세력 내지는 에너지가 배후에 있는 것일까요? 나는 '한 존재', '한 인격'을 마주하고 있는 존재입니까, 아니면 맹목적인 우연에 희생된 존재, 인격도 없고 마음도 없고 이성도 없고 지각도 없는 원자나 힘의 우연한 조합에 희생된 존재입니까? 만물에는 목적이 있습니까, 없습니까?

이것이 출발점입니다. 여기에 어떻게 대답하느냐에 따라 문제의 근본적인 진단이 달라집니다. 그래서 성경이 태초에서 출발하는 것입니다. 그러나 현대의 만병통치약들은 절대 여기에서 출발하지 않습니다. 그렇지 않습니까? 심리학자들은 여러분에게서 출발하여 여러분에게서 끝을 냅니다. 다른 이들도 마찬가지입니다. 여러분에게 무언가를 제안하고, 여러분에게 무언가를 해 줍니다. 그들은 여러 가지 힘과 요소들을 사용해서 여러분에게 영향을 끼치려 합니다. 처음부터 끝까지 여러분이 중심입니다. 그래서 세상이 이 지경이 된 것입니다. 성경은 만물이 있기 전부터 하나님이 계셨다고 말하며, 만물의 배후에 하나님이 계신다는 사실을 모르는 한 삶을 이해할 수 없다고 말합니다.

우리는 하나님을 규정하지 못합니다. 하나님을 이해하지 못합니다. "전능자를 어찌 능히 완전히 알겠느냐?"(욥 11:7) "이 세상이 자기 지혜로 하나님을 알지 못하므로"(고전 1:21). 탁월한 그리스 철학자들도 그에게는 이르지 못했습니다. 그럼에도 성경은 그가 계신다고 단언합니다. 그가 친히 주신 계시가 바로 이 책이라고 주장합니다. 논의를 더 진전시키기 전에 이 주장에 먼저 동의해야 합니다. 크고 영원하신 하나님이 우리에게 자신을 알리고 계시하며 나타내기를 기뻐하신다는 주장—이 성경이 곧 그 계시라는 주장, 그뿐 아니라 자연과 피조세계에도 그 계시가 나타나 있다는 주장—에 동의하든지, 아니면 부인하든지 둘 중에 한 가지를 택해야 합니다.

성경은 하나님이 계신다고, 그 하나님은 영원하신 분이라고 말합니다. 오, 우리는 그 말을 이해할 수가 없습니다. 그 말을 이해하기에는 우리의 머리가 너무나 왜소합니다. 이 왜소한 머리로 하나님이라는 개념이나 영원이라는 개념을 도저히 파악할 수가 없습니다. 우리는 순수하지 못하기 때문에 어둠이 조금도 없는 빛으로 표현되는 존재(요일 1:5), 소멸하는 불로 표현되는 존재(히 12:29), 모든 면에서 절대적으로 거룩하시며 모든 것을 보고 아는 전능하신 분으로 표현되는 존재를 도저히 상상하지 못합니다. 우리의 머리로는 이런 진리를 알 수도 없고 이해할 수도 없습니다. 우리는 이런 진리를 이해할 만한 존재가 아닙니다. 만약 이해할 수 있다면 우리가 하나님보다 더 크다고 해야 할 것입니다. 내 머리로 이 모든 것을 섭렵하여 나의 작은 철학으로 정리해 낼 수 있다면, 내가 곧 신이요 하나님은 내가 다루는 여러 대상 중 하나에 불과하다고 해야 할 것입니다.

성경은 말합니다. "네가 선 곳은 거룩한 땅이니 네 발에서 신을 벗으라"(출 3:5). 우리 앞에 계신 분은 "나는 스스로 있는 자—여호와, 영원하신 하나님—이니라"라고 말씀하시며 우리를 부르시는 분입니다(출 3:14). 이 말이 사실이라면 모든 시각이 달라지게 됩니다. 맹목적인 힘은 설득의 대상이 될 수 없습니다. 에너지는 기도의 대상이 될 수 없습니다. 비인격적인 큰 덩어리에게 내 사정을 알리고 탄원할 수는 없는 노릇입니다. 그러나 하나님이 정말 성경에 나오는 이런 하나님이시라면 우리의 시각은 즉시 달라지게 됩니다. 우리는 하나님이 "나는 스스로 있는 자니라"라고 말씀하시는 인격적인 분이심을 압니다. 아버지시요, 아들이시요, 성령이심을 압니다. 이 삼위 하나님이 영광 가운데 계심을 압니다. 이것이 출발점입니다.

좀 더 살펴봅시다. 성경은 이 영원하신 하나님이 세상을 만드심으로 세상이 생겨났다고 말합니다. 하나님이 세상의 창조자라고 말합니다. 지금 우리가 다루어야 할 주제는 여러분 자신 아닙니까? 맞습니다. 그러나 그렇다고 여러분과 여러분의 증상에만 시선을 집중시켜서는 안 됩니다. 전체적인 맥락을 살펴야 합니다. 지금 우리가 다루는 질문은 여러분이 대체 어떻게 생겨났느냐 하는 것입니다. 여러분은 과연 어떻게 존재하게 되었을까요? 대체 무슨 일이 있었던 것일까요?

어떤 이는 항의할지 모릅니다. "아, 당장 발등에 불이 떨어졌는데 그런 뜬구름 잡는 이야기를 하는 겁니까?"

사랑하는 여러분, 저도 발등의 불을 꺼 드리고 싶습니다. 그러나 진단이 우선입니다. 진통제나 처방할 생각은 없습니다. 약만 드리고 싶지는 않습니다. 우리는 노래를 부르고 다 잘될 거라고 자신을 토닥거리며 기분이나 풀려고 이렇게 교회에 모여 있는 것이 아닙니다. 신앙은 도피가 아닙니다. 다른 것들은 다 도피지만, 신앙은 현실입니다. 그래서 성경이 "하나님은 세상의 창조자"라고 말하며, 창조를 주장하는 것입니다. 성경은 하나님이 무에서 유를 만들어 내셨다고, "빛이 있으라 하시니 빛이 있었"다고 말합니다(창 1:3). 하나님이 그 능력으로 무에서 유를 만들어 내셨습니다. 그것도 완벽하게 만들어 내셨습니다. 그가 지으신 모든 것을 보시니 보시기에 좋았습니다. 그래서 그곳은 낙원이라고 불렸습니다.

세상은 이처럼 하나님이 창조하신 결과물일까요, 아니면 비인격적이고 우연한 진화 과정의 산물일까요? 세상의 문제들을 살펴보면 이 주제의 중요성을 새삼 깨닫게 되리라 생각합니다. 둘 중에 하나를 택해야 합니다. 다른 가능성은 없습니다. 하나님이 세상을 창조하셨다고 믿든지, 아니면 가스가 갑자기 응고되면서—그 가스가 어디에서 어떻게 생겨났는지는 아무도 모릅니다—원시 점액질을 형성했다고, 지성이나 지각이나 법칙이나 질서나 목적이 전혀 없는데도 모호하고 맹목적인 힘들이 서로 작용하고 영향을 주며 반응함으로써 지극히 원시적인 미확인 생명체를 두뇌와 힘을 갖춘 인간으로 발전시켰고 꽃처럼 복잡한 것을 만들어 냈으며 눈이라는 뛰어난 도구 및 피조세계의 온갖 놀라운 것들을 만들어 냈다고 믿어야 합니다.

지금은 철새가 이동하는 철입니다. 새들이 더 따뜻한 곳을 찾아 영국을 떠나고 있습니다. 이렇게 새들이 이동하는 이유가 무엇입니까? 대체 무엇 때문에 이동하는 것입니까? 어떻게 이동하는 것입니까? 이것이 다 어쩌다 생긴 일입니까? 다 우연입니까? 아니면 그 배후에 한 정신, 한 창조자가 있는 것입니까? 여러분의 개인적인 문제와 필요와 어려움을 논하기 전에 이 질문부터 해결해야 합니다. 이것이 성경의 방법입니다. 성경은 여러분과 논리적으로 이야기합니다. "예수께 오면 무조건 잘된다"라고 하지 않습니다. 절대 그러지 않습니다. 성경은 창세기에서 출발합니다. 창조 이야기에서 출발합니다. 여러분이 이 지경이 된 이유, 하나님이 성경에 나오는 제안을 하시는 이유부터 알려 주고 깨우쳐 줍니다.

성경은 세상이 우연의 산물이 아니라고 말합니다. 역사에는 시작점이 있다고 말합니다. 세상도 없었고 역사도 없었는데 하나님이 의도적으로 그 영원한 뜻의 결정에 따라 세상을 짓고 창조하기로 작정하셨다고, 역사의 과정을 시작하기로 작정하셨다고 말합니다. 역사 속에서 살아가고 있는 여러분과 저는 마땅히 그 과정을 알아야 합니다. 성경은 하나님이 세상을 만드셨다고 주장합니다. 그 세상은 완벽했습니다. 낙원이었습니다. 하나님은 완벽한 세상을 출범시키셨습니다.

좋습니다. 계속 살펴봅시다. 우리는 지금 문제에 점점 더 다가가고 있는 중입니다. 다음으로 살펴볼 주제는 당연히 인간입니다. 우리는 인류의 일원입니다. 오, 그렇습니다. 나는 나 자신에게 관심이 아주 많습니다. 나는 개인주의자로서 무엇보다 내 문제부터 해결하고 싶습니다. 맞습니다. 그런데 내가 외면할 수 없는 사실은 나와 같은 사람들이 이 큰 세상을 가득 채우고 있다는 것입니다. "인간에게 맞는 연구 대상은 인간이다."* 저는 이 말이 옳다고 생각합니다. 인간은 자신에게 집중한다는 명제와 인간은 인간을 연구해야 한다는 두 명제 모두 옳습니다.

그렇다면 인간은 어디에서 왔을까요? 이번에도 우리는 크게 다른 두 입장과 만나게 됩니다. 성경의 주장에 따르면 인간은 하나님의 특별한 피조물입니다. 성경은 "하나님이 자기 형상 곧 하나님의 형상대로 사람을 창조하"셨다고 말합니다(창 1:27). 다른 피조물에 대해서는 이렇게 말하지 않습니다. 오직 인간에 대해서만 이렇게 말합니다. 달리 표현해 봅시다. 세상의 모든 비극과 고통을 마주할 때, 내 모든 어려움과 문제를 마주할 때, 나는 어떤 존재인 것 같습니까? 인간은 어떤 존재인 것 같습니까?

한때 인간은 완벽한 존재였습니다. 세상이 늘 이 지경이었던 것은 아닙니다. 인간은 하나님의 형상대로 창조되었습니다. 의롭게 창조되었습니다. 거룩하게 창조되었습니다. 하나님이 **친히**, 자신을 **위해** 인간을 창조하셨습니다. 인간은 하나님과 대화했습니다. 하나님과 동행했습니다. 하나님과 통했습니다. 하나님을 즐거워했습니다. 하나님과 더불어 살았습니다. 인간에게는 어그러진 데가 없었습니다. 하나님께 화답할 만한 것이 있었습니다. 인간의 삶은 완벽한 지복의 삶이었습니다.

* 알렉산더 포프Alexander Pope, 「인간론*An Essay on Man*」

여러분의 문제를 이해하고 해결하려면 이러한 성경의 주장을 믿든지, 아니면 인간은 결국 동물—생각하는 동물, 고등한 이성을 타고난 동물이라고 해도 좋습니다—에 불과하다는 말, 뇌의 전두엽이 좀 더 복잡하게 발달했다는 점에서만 다른 동물과 구분된다는 말을 믿어야 합니다. 여러분은 인간이 완벽했던 적은 없었다고, 지금 이렇게 문제가 많은 것도 아직 완벽한 경지에 이르지 못했기 때문이라고, 그럼에도 아주 오랜 세월에 걸쳐 조금씩 나아져—이것은 입증될 수 없는 주장입니다—현재와 같은 상태와 조건에 도달하게 되었다고 믿습니다. 인간이 서서히 진보하고 있으며 발전하고 있다고, 인간의 안녕을 해치고 방해하는 것들을 하나씩 제거하고 떨쳐내면서 서서히 나아지고 있다고 믿습니다. 아주아주 오랜 세월이 또 지나면 마침내 완벽해질 것이며 모든 문제를 해결할 것이라고, 모든 문제가 사라질 것이라고 믿습니다.

둘 중에 하나입니다. 여러분이 가지고 있는 인간의 본성을 하나님이 그 손으로 친히 빚으시고 만드셨다고 믿든지, 아니면 인간은 동물에 불과하다는 유물론의 관점을 취하든지 해야 합니다. 강조하지만, 성경은 유물론적인 관점이 틀렸다고 주장합니다. 성경은 하나님께 지음 받은 인간이 낙원에서 지극히 즐겁게 살았다고 말합니다.

좋습니다. 이제 문제의 핵심에 도달했습니다. 성경의 주장이 다 사실이라면 나는 왜 이 지경이 되었을까요? 세상은 왜 이 지경이 되었을까요? 왜 이렇게 불행하고 비참해졌을까요? 이것이 문제입니다. 그렇지 않습니까? 우리의 원래 모습이 어떠했는지는 이제 알았습니다. 그런데 왜 이 지경이 되어 버린 것입니까? 그 간극이 너무나 크지 않습니까? 이에 대한 성경의 설명에 주목하시기 바랍니다.

> 그런데 뱀은 여호와 하나님이 지으신 들짐승 중에 가장 간교하니라. 뱀이 여자에게 물어 이르되 하나님이 참으로 동산 모든 나무의 열매를 먹지 말라 하시더냐?(창 3:1)

사람들은 "교리에는 관심 없어요"라고 말합니다. "약간의 도움만 있으면 됩니다. 약간의 위로도 있으면 좋고요. 우리 고민을 덜어 줄 말은 할 수 없습니까? 왜 내내 신학 이야기만 합니까!"라는 것이 현대인들의 항의입니다.

그러나 사랑하는 여러분, 신학을 알아야 구원도 알 수 있습니다. 인간과 세상과 역사를 다루는 성경의 이야기 자체가 신학입니다. 이것은 그 이야기가 하나님에게서 출발한다는 뜻입니다. 신학은 하나님을 아는 지식을 다루는 학문이요, 하나님과 관련된 모든 것을 다루는 학문입니다. 1절에서 신학이 말하는 바는 하나님이 만드신 완벽한 세상, 사람들이 낙원처럼 살고 있던 그 세상에 다른 권세, 다른 세력이 들어왔다는 것입니다. 하나님과 인간에 반反하는 무언가가 들어왔다는 것입니다. 그 세력이 힘쓴 일은 오직 한 가지, 하나님의 완벽한 작품을 파괴하는 것이었습니다.

우리는 지금 아무도 이해할 수 없는 영역의 문제를 다루고 있습니다. 성경은 궁극적인 설명을 해 주지 않습니다. 이 세상 말고 또 다른 세상이 있다는 것, 영들의 세상, 영적인 세상이 있다는 것을 알려 줄 뿐입니다. 하나님은 인간만 만드신 것이 아니라 육체가 없는 영적 존재인 천사도 만드셨으며, 그들에게 탁월하고 뛰어난 큰 능력을 주어 종으로 부리셨습니다. 그런데 하나님이 만드신 이 크고 강한 천상의 존재 중에 한 천사가 다른 천사들을 선동하여 하나님께 반역했다고 성경은 이야기합니다. 하나님은 반항하고 대항하는 그 천사를 치셨고, 그는 하늘에서 떨어졌습니다. 성경은 사탄 또는 마귀라고 불리는 이 무섭고 두려운 영적 권세가 하나님의 완벽한 피조세계인 세상에 들어왔다고, 하나님이 지으신 인간을 유혹하여 오늘날 여러분과 제가 경험하고 있는 온갖 나쁜 결과를 몰고 왔다고 말합니다.

좀 더 일반적인 질문을 드리겠습니다. 대체 무엇이 잘못된 것일까요? 사람들은 왜 자신에게 해로운 일을 욕심내는 것일까요? 왜 어떤 일이 분명히 잘못인 줄 알면서도 그 일을 하고 싶어 하는 것일까요? 왜 시기와 질투와 불일치와 오해가 생기는 것일까요? 왜 탐욕과 정욕이 있는 것일까요? 왜 가정과 부부관계가 깨지는 것일까요? 왜 아이들이 고통을 받는 것일까요? 왜 사는 게 이렇게 고달프고 괴로운 것일까요?

이것이 우리의 문제 아닙니까? 이에 대한 성경의 대답은, 인간을 주저앉히는 다른 권세가 세상에 있기 때문이라는 것입니다. 사탄이라는 자가 주도하는 악의 권세가 있기 때문이라는 것입니다. 아담과 하와를 찾아와 유혹함으로써 타락하게 만든 장본인이 바로 이 사탄입니다. 그 때문에 인간은 본연의 모습을 잃고 완전히 다른 존재가 되어 버렸습니다. 이것이 성경의 설명입니다. 성경은 처음부터 끝까지 이 이야기를 하고 있습니다. 하나님의 아들이 세상에 오셨을 때에도 마귀는 40일간 광야에서 그를 시험했습니다. 하나님의 아들과 마귀 사이에 싸움이 벌어졌습니다. 마귀는 그를 무너뜨리려 했습니다. 그를 찾아가 "네가 정말 하나님의 아들이라면 이런저런 일들을 해 봐. 나한테 절하고 경배해 봐. 그러면 세상 나라를 전부 줄게"라고 유혹했습니다.

저와 여러분 앞에도 이 악한 권세가 있습니다. 그렇다면 사람들이 성경과 상관없이 제시하는 모든 처방은 그야말로 엉뚱한 것일 수밖에 없습니다. 정말 이것이 문제라면, 보이지 않는 권세가 존재한다면, 사도 바울의 말처럼 "통치자들과 권세들과 이 어둠의 세상 주관자들과 하늘에 있는 악의 영들"이 존재한다면(엡 6:12), 우리 앞에 이런 영들이 버티고 있다면, 우리에게는 그 영들보다 더 큰 능력이 있어야만 합니다. 그런데 성경은 원죄로 인해 이 악한 권세가 우리를 꼼짝 못하게 붙잡고 있다고 말합니다 "이 세상의 신"인 마귀가 우리를 지배하고 있으며, 찾아와 유혹한다고 말합니다(고후 4:4).

우리도 경험으로 다 알고 있지 않습니까? 아침에 눈을 떠서 미처 정신을 차리기도 전에 이런저런 생각들이 어수선하게 떠오릅니다. 다 흉하고 더럽고 무익한 생각들입니다. 그런 생각들은 대체 어디서 오는 것일까요? 막 눈을 뜬 첫 순간에도, 막 잠들려 하는 마지막 순간에도 그런 생각들이 여러분을 공격합니다. 성경을 읽거나 기도하려고 무릎을 꿇을 때에도 그 공격이 느껴집니다. 이런저런 암시와 연상작용이 여러분을 주저앉힙니다. 이런 생각들은 대체 어디서 오는 것일까요? 성경은 악한 권세에게서 온다고 말합니다. 이 말이 사실이라면, 이 사실을 깨닫는 것보다 중요한 일은 없습니다.

사탄과 악은 분명히 존재합니다. 원죄와 타락의 사건은 분명히 있었습니다. 우리는 우리보다 큰 악한 권세의 희생자들입니다. 물론 이 관점 말고 오늘날 유행하는 다른 관점을 취할 수도 있습니다. 이처럼 성경과 다른 관점을 가진 사람들은 이런 부정적인 생각들을 스스로 떨쳐 낼 만큼 충분한 시간이 흐르지 않은 것이 진짜 문제로서, 인간 안에 아직도 짐승의 본성이 많이 남아 있기 때문에 그런 생각들을 하는 것이라고 말합니다. 인간은 여러 단계―물고기, 파충류, 포유류 등의 단계―를 거쳐 왔는데, 이런 동물들은 탐욕과 정욕으로 서로 싸우는 이기적이고 자기중심적인 생물이라는 것입니다. 그래서 인간도 아직은 비슷한 행태를 보인다는 것입니다. 물론 인간은 점점 나아지고 있으며, 세월이 흐를수록 점점 나아진다는 것이 그들의 주장입니다. 그들은 인간이 2천 년 전보다 훨씬 나아졌다고 말합니다.

여러분은 묻습니다. "그런데 왜 아직도 싸울까요?" 그들의 대답은 "글쎄요, 아직도 시간이 더 필요한 거겠지요"라는 것입니다.

그렇다면 남의 아내를 탐내는 일은 어떻습니까? 남자들은 2천 년 전에도 남의 아내를 탐냈고, 지금도 남의 아내를 탐냅니다. 이 부분에 무슨 개선이 있었습니까? 무슨 진보가 있었습니까? 제가 보기에는 아무런 변화도 없었습니다. 예전이나 지금이나 똑같습니다. 다시 창세기 앞부분으로 돌아가 성경을 읽어 보면, 동생을 질투하다가 죽인 가인이라는 인물이 등장합니다. 적어도 6천 년 전에 있었던 이 일은 오늘날에도 여전히 반복되고 있습니다.

여러분, 성경은 정말 현실적이지 않습니까? 성경은 사탄과 악, 하나님에 대한 반감과 적의에서 나온 이 죄라는 것 때문에, 인간이 왕과 주가 되어 자신을 주장했기 때문에 지금과 같은 모습이 되었고 세상도 이 지경이 되었다고 말합니다. 하나님을 거스른 인간의 반역, 이것이 성경이 제시하는 문제의 원인인 것입니다.

성경은 더 나아가 이 모든 죄의 결과로 인간은 심히 무력해졌으며 스스로 자청한 저주를 피할 수 없게 되었다고 말합니다. 저주를 피하고 싶지만, 피할 길이 없습니다. 인간은 에덴에서 쫓겨난 이후 계속해서 그리로 돌아가려고 애를 썼습니다. 그 노력이 문명의 전 역사를 이루고 있습니다. 모든 시대, 모든 장소에 등장했던 철학과 정치사상, 이상향의 청사진들은 전부 이 노력—낙원으로 돌아가려는 노력—의 일환이었습니다.

그러나 인간은 결코 돌아가지 못합니다. 왜 돌아가지 못합니까? 하나님이 불칼과 그룹으로 막고 계시기 때문입니다! 그뿐 아니라

이 세상의 신도 여전히 활동하고 있습니다. 마귀는 인간의 노력이 헛된 것이며 하나님에 대한 반감과 자기주장의 표현에 불과함을 알기 때문에 계속해서 스스로 구원하고자 노력하도록 부추깁니다. 문화를 믿는 사람은 구주의 필요성을 보지 못하기 때문에, 앞으로도 마귀는 전력을 다해 경건치 못한 문화를 장려할 것입니다.

성경은 동산에서 쫓겨난 후 이제껏 몰랐던 새로운 문제들—가시덤불과 엉겅퀴, 아픔과 질병, 사방의 문제들—에 맞닥뜨려 놀라고 무서워하는 아담과 하와의 비참한 모습을 보여 줍니다. 무서운 현실이 그들을 덮쳤습니다. 그렇습니다. 그들은 그 현실에 매몰되어 빠져 나올 수가 없었습니다.

죄는 이보다 더 나쁜 결과도 몰고 왔습니다. 모든 인간이 하나님의 심판 아래 있게 된 것입니다. 인간은 하나님을 잊고 살아도 된다고, 그래도 괜찮다고 생각했습니다. 하나님의 율법이 얼마나 절대적인 것인지 깨닫지 못했습니다. 율법은 태초에도 있었고 지금도 엄연히 있습니다. 성경에 따르면 각 개인과 온 세상은 전부 하나님의 심판 아래 있습니다. 제가 성경을 제대로 이해하고 있다면, 지금 일어나고 있는 일들은 바로 그 심판의 발현입니다. 에덴동산에도 심판이 임했습니다. 여러분도 알다시피 아담과 하와는 금지된 열매를 먹어도 괜찮을 것이라고 생각했습니다. 그러나 괜찮지 않았습니다! 저녁 바람이 불 때, 동산을 거니시는 여호와 하나님의 소리가 들렸습니다. 하나님의 방문 앞에 그들은 움츠러들며 무서워했습니다. 하나님은 그들을 심판하셨고, 그들은 동산에서 쫓겨났습니다.

오, 성경을 읽어 보십시오! 여러분, 끝까지 읽어 보십시오. 간곡히 권합니다. 제가 지금 제시한 개요를 중심으로 성경을 읽어 보면 하나님의 심판이 어떻게 임하는지 알 수 있습니다. 인류 역사상 여러 차례 심판이 임했습니다. 대홍수 때에도 임했고, 소돔과 고모라에도 임했으며, 예루살렘이 멸망할 때에도 임했습니다. 그 심판은 지금도 진행중입니다. 하늘에 계신 하나님은 인간이 반역하여 일어날 때마다 심판하십니다. 사람들이 바벨탑을 지었을 때에도 그 탑을 무너뜨리시고 그들을 흩으심으로써 인종과 언어와 그 밖의 것들이 갈라지게 되었습니다. 이것이 세상의 역사입니다.

이 점을 아는 것이 얼마나 중요한지 알겠습니까? '사람은 죽게 되어 있고 죽은 후에는 하나님 앞에 서서 심판을 받아야 한다'는 말을 믿든지, '죽으면 끝이고 아무것도 남지 않는다, 사람이 죽는 거나 짐승이 죽는 거나 꽃이 지는 거나 매한가지다. 살다가 떠나면 그뿐이다'라는 말을 믿든지 둘 중에 하나입니다. 이 점을 명확히 짚고 넘어가는 일이 얼마나 중요한지 알겠습니까? 이 점이 여러분의 모든 삶과 행동에 어떤 영향을 끼치는지 알겠습니까? 성경은 인간이 아무리 하나님을 외면해도 그 앞에서 아주 도망칠 수는 없다고 주장합니다.

제가 계속해서 설교하는 이유가 여기 있습니다. 모든 사람이 죄 가운데 죽어서 심판을 받을 뿐 아니라 지옥에 떨어진다는 성경의 주장을 믿기 때문에 계속해서 이 메시지를 선포하는 것입니다. 죽으면 끝이고 육신도 해체되어 흙으로 돌아갈 뿐이라고 믿는다면 이렇게 복음을 전할 필요가 없습니다. 그러나 "한 번 죽는 것은 사람—모든 사람—에게 정해진 것이요 그 후에는 심판이 있"습니다(히 9:27). 죽는다고 끝나는 것이 아닙니다. 우리는 죽은 후에도 존재합니다. 영원히 존재합니다. 우리에게는 이미 심판이 선언되어 있고 선포되어 있습니다.

타락하여 정죄 받은 인간은 비참하고 무력합니다. 그러나 감사하게도 하나님이 개입하십니다! 모든 것이 무너져 내린 자리에 찾아오십니다. 인간을 찾아와 이름을 부르며 말씀하십니다. 인간이 반역한 그 순간에도 그들을 구해 낼 길, 구원할 길이 있다고 알려 주십니다. "여자의 후손은 네〔뱀의〕머리를 상하게 할 것이요"(창 3:15). 하나님은 뱀, 큰 원수, 우리가 도저히 처리할 수 없는 권세, 우리 힘에 버거운 이 세상의 신을 정복할 이가 한 분 있다고 하십니다. 그리고 과연 그 말씀대로 여자의 후손이 세상에 왔습니다. 하나님의 아들, 나사렛 예수 그리스도가 오신 것입니다. "하나님이 세상을 이처럼 사랑하사 독생자를 주셨으니 이는 그를 믿는 자마다 멸망하지 않고 영생을 얻게 하려 하심이라"(요 3:16). 하나님의 아들 그리스도가 친히 세상에 오셨습니다. 인간의 본성을 입고 우리의 현실 속에 들어와 원수를 치셨습니다. 적을 정복하고 우리를 해방시켜 주셨습니다. 우리 대신 심판을 받으셨습니다. 가혹한 십자가에 달려 우리 죄와 형벌을 친히 몸으로 담당하셨습니다. 하나님은 그를 죽이심으로 우리를 용서하셨습니다. 원수는 정복되었습니다. 그리하여 낙원으로 가는 길이 열리게 되었습니다. 여러분 앞에 활짝 열리게 되었습니다.

여러분의 불행과 문제와 필요는 전부 죄라는 현실 때문에 생겨난 것입니다. 무서운 죄인의 자리에서 하나님과 대면하고 있기 때문에 생겨난 것입니다. 이것이 모든 괴로움의 원인입니다. 이 문제의 해결책은 오직 하나, 하나님이 독생자 안에서 주시는 해결책뿐입니다. "이는 그를 믿는 자마다 멸망하지 않고 영생을 얻게 하려 하심이라." 여러분, 바로 지금 이 자리에서 이 영생을 받을 수 있습니다. 하나님을 아는 지식을 얻을 수 있습니다. 이제는 내가 하나님과 바른 관계에 있다는 확신, 하나님이 나를 축복해 주시고 나에게 웃어 주시며 나의 필요를 채워 주신다는 확신, 원수를 이길 힘을 주신다는 확신, 죽음을 통과하게 해 주시고 이미 죄 사함과 용서를 받았다는 판결을 내려 주신다는 확신, 나를 향해 "잘하였도다, 착하고 충성된 종아.……창세로부터 너희를 위하여 예비된 나라를 상속받으라"(마 25:21, 34)라고 말씀해 주신다는 확신을 얻을 수 있습니다.

사랑하는 여러분, 여러분이 안고 있는 문제의 원인과 해결책이 바로 여기 있습니다. 이 해결책을 믿으십시오. 지금 이 자리에서 받아들이십시오. 인간의 개념과 이해력을 뛰어넘는 전능하신 하나님, 영원 전부터 계시면서 무에서 유를 만들어 내신 크신 하나님께 나아가십시오. 그 하나님께 자신을 맡기십시오. 무지하고 교만하여 죄를 지었음을 인정하십시오. 자신을 건져 내고 구속하기 위해 외아들을 보내 갈보리 언덕에서 죽게 하신 것을 감사드리십시오. 새로운 생명을 달라고 구하십시오. 기꺼이 주실 것입니다. 이것은 자의적인 말이 아니라 "내게 오는 자는 내가 결코 내쫓지 아니하리라"라고 하신 외아들의 권위에 근거한 말입니다(요 6:37). 죄와 반역 가운데 있는 자는 내쫓으실 것입니다. 그러나 회개하고 돌아오는 자는 내쫓지 않고 영접해 주시며 축복해 주실 것입니다.

인간의 생각과 하나님 2

그런데 뱀은 여호와 하나님이 지으신 들짐승 중에 가장 간교하니라. 뱀이 여자에게 물어 이르되 하나님이 참으로 너희에게 동산 모든 나무의 열매를 먹지 말라 하시더냐?

창세기 3:1

어느 모로 보나 창세기 3장은 성경에서 가장 중요한 장章에 속하는 것이 분명합니다. 구약은 필요 없고 신약만 있으면 된다고 생각하는 그리스도인들이 많습니다. 그러나 이방인들이 주요 구성원이었던 초대교회는 신약과 구약을 묶어 성경이라는 책을 만들기로 결정했습니다. 초대교회 그리스도인들은 분명 성령의 인도를 받아 그렇게 결정했을 것입니다. 그들은 성령의 인도를 구했고, 응답 받은 것을 확신했습니다. 유대인뿐 아니라 그리스도인이 된 이방인에게도 구약이 필요하다는 것이 그들의 생각이었습니다. 성경은 하나님이 인간을 어떻게 다루셨는가에 대한 역사입니다. 구속의 역사입니다. 창세기 3장이 특별히 중요한 것도, 하나님이 원래 주신 좋은 상태에서 인간이 어떻게 추락했는가에 대한 역사가 기록되어 있기 때문입니다.

거듭 밝히지만, 제가 3장에 주의를 환기시키는 것은 아주 실제적인 염려 때문입니다. 복음 전하는 일을 일종의 취미로 여겼던 시절이 있었습니다. 심지어 어떤 이들은 일종의 사치로 여기기까지 했습니다. 그러나 지금 그렇게 생각하는 이는 아무도 없을 것입니다. 요즘은 삶이 아주 절박해졌습니다. 백 년 전 우리[영국] 조상들의 정신세계를 이해하기는 아주 쉽습니다. '영국의 평화pax Britanica'

라는 말이 널리 퍼졌습니다. 위험이라고는 전혀 없어 보였습니다. 삶이 순탄했기에 기본적인 가정을 세우는 일이 가능했습니다. 그러나 지금은 그렇지 않습니다. 우리 세대는 20세기에 살면서 삶이 얼마나 아슬아슬한 것인지 배웠습니다. 좋든 싫든 배우지 않을 수 없었습니다. 이것이 우리의 염려입니다. 우리는 문제들에 둘러싸여 있으며, 자주 그 문제들에 짓눌립니다. 우리는 여기에서 벗어날 길을 알고 싶습니다. 대체 우리가 할 수 있는 일이 무엇일까요? 탈출구가 있기는 한 것일까요?

지난 설교에서 저는 성경이 바로 이런 현실을 다룬다는 점을 아주 일반적인 차원에서 지적했습니다. 성경이라는 이 해묵은 책보다 더 이 시대에 적합한 책은 없습니다. 성경은 사람들을 염려합니다. 여러분을 염려합니다. 우리 모두의 실상과 상황을 염려합니다. 우리의 형편을 직접 언급하며 생명의 길을 제시합니다. 창세기 3장은 우리가 왜 이런 형편에 놓이게 되었는지, 온 세상은 왜 이 지경이 되었으며 각 개인은 왜 이 지경이 되었는지 알려 주고 있습니다. 3장의 특별한 메시지가 바로 이것입니다. 이에 대해 이미 말씀드린 내용을 다시 상기시켜 보겠습니다.

성경은 다른 데서 볼 수 있는 세계관들과 완전히 다른 세계관, 분명하고도 구체적이며 포괄적인 세계관을 제시합니다. 제가 말씀드린 성경 메시지의 큰 특징은 다음과 같습니다. 성경은 하나님에게서 출발합니다. 하나님이 만물을 만드셨다고 말합니다. 인간은 진화하는 동물이 아니라 하나님이 특별히 만드신 피조물이라고 말합니다. 또 사탄과 악이 어떻게 세상에 들어왔는지, 인간이 어떻게 타락했는지, 얼마나 무력하게 하나님의 심판 아래 있게 되었는지 알려 줍니다. 하나님이 어떻게 그 무한한 사랑과 자비와 긍휼로 이 상황에 개입하여 크고 원대한 구원의 길을 마련하셨는지, 그리고 어떻게 그 길을 인간에게 제시하시며 전하셨는지 알려 줍니다.

이것은 일반적인 이야기로서, 이 한 장에 그 모든 내용이 담겨 있습니다. 제가 지금 지적하고 싶은 요점은 이것이 실제 역사라는 것입니다. 문자 그대로 실제로 일어났던 일이라는 것입니다. 이 이야기를 한없이 할 수는 없지만, 이것은 아주 중요한 주제입니다. "글쎄요, 기독교 교리에는 관심이 있어도 창세기 앞부분에는 관심이 없는데요"라고 말하는 이들이 있는데, 그것은 아주 논리적이지 못한 태도입니다. 창세기 앞부분을 믿지 않으면서 어떻게 신약이 가르치는 기독교의 구원을 믿을 수 있는지 모르겠습니다.

세상에서 가장 위대한 기독신앙의 옹호자 중에 바울이라는 강력한 사도가 있습니다. 그는 아담의 죄 때문에 우리가 이 지경이 되었다고, 우리는 모두 아담과 함께 죄를 지었고 그와 함께 타락했다고 말합니다. 그러면서 아담의 반대편에 주 예수 그리스도가 계신다고 주장합니다. "아담 안에서 모든 사람이 죽은 것같이 그리스도 안에서 모든 사람이 삶을 얻으리라"(고전 15:22). 첫 사람은 죽음을 가져왔고, 둘째 사람은 생명을 가져왔습니다.

그러므로 우리는 이것이 역사라는 사실을 기뻐해야 합니다. 이 점이 아주 중요합니다. 바로 이 점 때문에 성경이 그토록 비범한 책이 된 것이며 매력 넘치는 책이 된 것입니다. 반복하지만, 창세기 3장은 모든 역사의 출발점입니다.

이처럼 3장은 과거의 역사인 동시에 인간의 현재 행동을 설명하는 실제적인 이야기이기도 합니다. 아담 때문에 타락하기도 했지만 사실은 본인들도 똑같은 짓을 한다는 것이 죄에 빠진 인간의 두드러진 특징입니다. 우리는 아담이 했던 짓을 그대로 반복하고 있습니다. 이처럼 3장에는 놀라운 역사만 나오는 것이 아니라 우리의 현재 행동에 대한 분석도 나옵니다.

다음과 같이 설명해 보겠습니다. 우리는 3장에서 말할 수 없이 비참해진 아담과 하와가 어쩔 줄 모르며 겁에 질려 숨는 장면을 봅니다. 또 그들이 일정한 유형의 삶을 선고받는 장면, 여자는 출산의 수고와 고통을 선고받고 남자는 얼굴에 땀을 흘려야 양식을 얻는 벌을 선고받는 장면을 봅니다. 그들은 이처럼 비참한 처지가 되었습니다. 우리의 질문은 대체 어쩌다가 이렇게 되었느냐 하는 것입니다. 처음부터 이렇지는 않았다는 것을 기억하기 바랍니다. 창세기 2장으로 거슬러 올라가면, 그들이 낙원이라고 부를 만큼 복된 환경에서 살았던 것을 알 수 있습니다. 그런데 이렇게 비참해진 것입니다. 대체 무엇이 이렇게 엄청난 변화를 몰고 왔을까요?

그 대답이 창세기 3:1에 나옵니다. 인간이 하나님께 귀를 기울이지 않고 말씀을 듣지 않았기 때문에 이렇게 되었다는 것입니다. 사실 그 이상 필요한 설명이 없습니다. 바로 이것이 문제입니다. 세상이 지금 이렇게 된 이유, 각 사람이 지금 이렇게 된 이유를 설명할 길은 이것밖에 없습니다. 남자와 여자가 유혹자의 질문에 솔 깃했기 때문에 이렇게 된 것입니다. "하나님이 참으로······하시더 냐?" 이것은 "정말 그 말을 믿느냐? 정말 그 말에 신경을 쓰느냐?" 라는 질문이었습니다. 마귀는 그들을 찾아와 물었습니다. "하나님 이 참으로 너희에게 동산 모든 나무의 열매를 먹지 말라 하시더 냐?" 인간은 이 질문을 수용하고 이 질문에 따라 행동하다가 본인 들과 후손들에게 파멸을 몰고 왔습니다.

이것은 곧 우리 각 사람의 완벽한 초상화이기도 하다는 점을 지 적하고 싶습니다. 아담과 하와 앞에는 하나님의 길이 펼쳐져 있었 습니다. 하나님이 그들을 만드셨고 그들을 축복하셨습니다. 온갖 혜택을 주어 동산, 즉 낙원에 살게 하셨습니다. 이를테면 두 사람 은 나무 열매나 따 먹고 하나님과 즐겁게 교제하며 살면 그만이었 던 것입니다. 그렇습니다. 그들은 실제로 그런 삶을 살았습니다. 그런데 거기에는 한 가지 단서가 붙어 있었습니다. 지켜야 할 율법 이 붙어 있었습니다. 하나님은 "언제까지나 이렇게 살아도 좋다. 단, 한 가지 조건이 있다"라고 말씀하셨습니다. 그 조건은 바로 순 종이었습니다. 하나님께 최고의 권위가 있으며 그분의 소유를 마 음대로 하실 권리가 있음을 인정하는 것, 인간의 안녕과 행복을 위 해 율법을 주셨음을 인정하는 것이었습니다. 이것이 하나님의 입 장이었습니다. 복을 쏟아 부어 주시되 순종하라는 한 가지 율법, 한 가지 조건, 한 가지 요구를 덧붙이신 것입니다. 그러나 인간은 그 조건을 거부했습니다. 그러다가 바른 길에서 벗어나 모든 불행을 자초한 것입니다.

오늘날 예수 그리스도의 복음이 전적으로 주장하는 바가 바로 이 것입니다. 제가 이렇게 설교하는 것은 하나님의 말씀이 있기 때문입니다. 하나님은 세상을 향해 말씀하셨습니다. 외아들을 보내서 말씀을 주시고 메시지를 주셨습니다. 그 메시지가 무엇입니까? 그렇습니다. 우리를 그의 자녀와 후사로 삼으시겠다는 것입니다. 바울이 "측량할 수 없는 그리스도의 풍성함"이라고 표현했던 복되신 아들의 모든 충만함과 복음의 복을 주시겠다는 것입니다(엡 3:8). 그리스도의 삶, 기쁨과 평안의 삶을 주시며 불순물이 섞이지 않은 놀라운 복을 부어 주시겠다는 것입니다. 그러나 하나님은 여기에도 똑같은 요구, 똑같은 요청을 덧붙이십니다. 주 예수 그리스도가 사셨던 삶을 살게 해 주고 거룩하게 만들어 주며 이 모든 복을 줄 테니 "너희도 거룩"하라는 것입니다(벧전 1:16).

다시 말해서 예수 그리스도의 복음은 "가서 네 마음대로 살아라. 하나님은 너를 사랑하신다. 결국은 다 잘될 것이다. 복을 마음껏 누려라. 그러면 된다"라고 말하는 유쾌한 메시지가 아닙니다. 하나님은 이런 축복의 말만 하시지 않습니다. 시편기자는 "여호와를 사랑하는 너희여, 악을 미워하라"라고 요구합니다(시 97:10). 복음서도 맘몬을 사랑하면서 하나님도 사랑할 수는 없다고 지적합니다. 좁은 길로 가겠다고 하면서 넓은 길을 고집할 수는 없습니다. 반석 위에 집을 짓겠다고 하면서 모래 위에 머물 수는 없습니다.

하나님의 축복에는 항상 이 요구가 따라옵니다. 복음은 하나님이 호의를 가지고 우리를 사랑하시니 무슨 짓을 해도 상관없다고 말하지 않습니다. 하나님은 사랑이시니 결국은 전부 다 잘될 것이라고 말하지도 않습니다. 그렇기 때문에 사람들이 지금도 복음에 반발하며, 아담과 하와가 태초에 동산에서 했던 짓을 반복하는 것입니다.

그러므로 저는 창세기 3:1을 통해 그리스도를 거부한다는 것이 정확히 무엇인지 보여 드리고자 합니다. 정말 믿기 힘들지 않습니까? 그런 복을 누리고 살았으면서도 이런 짓을 했다는 것을 믿기가 힘듭니다. 그러나 그들은 이런 짓을 했습니다. 거듭 말하지만, 이것은 실제 역사입니다. 그들의 이 행동으로 인해 우리가 알고 있는 모든 결과가 나타났습니다. 제가 이 장면을 보여 드리는 것은, 우리도 지금 똑같은 짓을 하고 있기 때문임을 다시금 밝히고 싶습니다. 오, 자신의 실상을 똑바로 보는 은혜를 주시기를! 죄에 빠진 자신의 실상을 보면 한시도 더 그 상태에 머물려 하지 않을 것입니다. 하나님은 우리가 지금 무슨 짓을 하고 있는지 정확하게 보여 주시기 위해 은혜로 이 장면을 기록해 주셨습니다.

제가 첫 번째로 주시하는 것은 반역이 시작된 방식입니다. 아담과 하와로 하여금 이런 짓을 하게 만든 것이 무엇입니까? 금지된 열매를 따먹게 만든 것이 무엇입니까? 자, 놀라운 점은 두 사람이 다른 아무런 이유 없이 오로지 마귀의 독단적인 주장에 넘어가 열매를 따먹었다는 것입니다. 3장을 살피면서 이 점에 주목한 적이 있습니까? 마귀가 어떤 근거도 밝히지 않는다는 사실을 알고 있었습니까? 마귀의 첫 질문이 무엇인지 보십시오. "하나님이 참으로 너희에게 동산 모든 나무의 열매를 먹지 말라 하시더냐?" 이 말에는 경멸이 담겨 있습니다. 그 내용을 보면 마귀의 철학을 금방 알 수 있습니다. 그는 의문을 제기합니다. 마치 "순진한 것들, 그 말을 곧이곧대로 믿는 거야?"라고 말하는 듯합니다. 근거는 전혀 없습니다. 주장만 할 뿐입니다. 나중에 마귀는 훨씬 더 분명하게 못을 박습니다. "너희가 결코 죽지 아니하리라"(창 3:4). 그렇습니다. "내 말이 맞다니까!"라는 것입니다. 두 사람은 그의 주장을 받아들였습니다.

이 점에서 저는 아담과 하와를 이해하기가 좀 어렵습니다. 그러나 달리 생각하면 금방 이해가 되기도 합니다. 죄에 빠진 모든 인간—우리는 날 때부터 죄인입니다—죄에 거하는 모든 인간은 정확히 그들과 같은 자리에 있기 때문입니다.

놀랍지 않습니까? 실제로 비그리스도인들이 순전히 독단적인 주장에 근거하여 자신들의 입장을 내세운다는 사실을 알고 있습니까? 자신들의 주장을 입증할 만한 증거는 하나도 없습니다. 물론 그들이 "과학이 입증했듯이……"라고 말한다는 것은 압니다. 그러나 과학이 입증한 바가 무엇입니까? 그들은 고작 "분별력이 있는 사람, 학식—특별히 과학 지식—이 조금이라도 있는 사람이라면 그런 걸 믿지는 않지요"라는 주장을 하면서 "그렇다면 믿지 말아야겠네요"라는 동의를 이끌어내려 합니다. 실제로 과학이 입증한 바는 아무것도 없습니다. 그런데도 우리는 "그래요. 이제는 신앙을 버리고 믿지 말아야겠어요"라고 말합니다.

아담과 하와가 한 짓이 바로 이것이었습니다. 아무 근거 없는 독단적인 선포에 귀를 기울인 것입니다. 여기에 인간의 모순이 있습니다. 사람들은 지치지도 않고 설교의 독단주의—설교자의 독단주의와 교회의 독단주의—를 지적하며 진저리를 칩니다. 이제 간단한 질문을 하나 드리겠습니다. 여러분이 그리스도인이 아니라면, 성경을 믿지 않고 하나님을 믿지 않는다면, 그 근거가 무엇입니까? 이유가 무엇입니까? 논거가 무엇입니까? 증거가 무엇입니까? 여러분은 하나님이 없다는 것을 증명할 수 있습니까? 나사렛 예수가 한 인격에 두 본성을 지니신 하나님의 독생자가 아니라는 것을 증명할 수 있습니까? 여러분은 이것을 믿지 않는다고 말합니다. 기적도 믿지 않는다고 말합니다. 그 말 자체가 예수께서 기적을 행하시지 않았다는 증거가 됩니까? 그가 기적을 행하지 않았다는 것을 무엇으로 증명할 수 있습니까? 독단적인 주장 외에 다른 증거가 있습니까?

대단한 문학가였던 매튜 아널드Matthew Arnold가 약 백 년 전에 했던 유명한 말이 있습니다. 전에도 자주 인용했지만 지금 다시 인용하는 것은, 그의 말이 이러한 인간의 모순적인 태도를 아주 완벽하게 보여 주기 때문입니다. 그는 말했습니다. "기적은 일어날 수 없다. 그러므로 기적은 일어나지 않았다." 그가 볼 때 더 이상의 말은 필요치 않았습니다. 사람들은 그 말을 듣고 있으며 여전히 그 말을 믿고 있습니다. 매튜 아널드가 한 말은 "기적은 일어날 수 없다. 그러므로 기적은 일어나지 않았다"라는 것이 전부였습니다. 물론 첫 번째 문장이 맞는다면 두 번째 문장도 맞을 것이고, 따라서 "그러므로"라는 접속사를 쓰는 것이 지극히 합당할 것입니다. 그러나 중요한 점은 첫 번째 문장이 과연 맞느냐 하는 것입니다. 기적이 일어날 수 없다는 사실을 입증할 수 있습니까? 입증할 수 없습니다. 과거에도 입증하지 못했고, 앞으로도 입증하지 못합니다.

본론이 아닌 예비적인 문제를 가지고 오래 끌 수는 없습니다. 그래도 이러한 입장의 실상을 파악하는 눈은 열렸으리라 생각합니다. 여러분이 믿지 않는 근거가 무엇입니까? 무엇을 토대로 복음을 거부합니까? 무엇을 증거 삼아 어떤 것은 믿고 어떤 것은 믿지 않는다고 말합니까? 그렇게 말하는 실제적인 근거가 무엇입니까? "아무개도 믿지 않으니까……", "기사를 읽어 보니……", "누가 말하는 걸 들었는데……", "이제는 아무도 믿지 않고……", "과학에 따르면……" 등의 말 외에 다른 할 말이 있습니까? 여러분의 불신앙을 분석해 보면, 결국 이처럼 아무 근거도 없다는 결론에 도달하게 됩니다. 이것은 굉장한 속임수입니다.

저는 진화론이야말로 지난 150년간 등장한 속임수 중에 가장 큰 속임수였다는 관점에 동의합니다. 대다수 사람들이 진화론에 속아 넘어갔습니다. 일개 이론에 불과했던 진화론이 어느 순간 만인이 믿는 진리로 둔갑해 버렸습니다. 그러나 진화론은 순전히 독단적인 주장이요, 하나의 가정에 불과합니다.

이런 속임수는 태초에도 있었고, 그 후에도 계속 있었습니다.

이처럼 순전히 독단적인 주장을 토대로 삼았기 때문에 인간이 이렇게 불행해지고 비참해진 것이며, 오늘날까지도 거기에서 헤어나지 못하는 것입니다. 그리스도와 복음의 이름으로 호소합니다. 생각하십시오, 제발 생각하십시오! "기독교는 눈물이나 짜는 감상적인 종교"라고 여러분은 말합니다. 그렇지 않습니다. 복음의 중대한 호소는 바로 생각하라는 것입니다. 사람들은 마귀에게 속아 어둠 속에서 살고 있습니다.

부활하신 주님은 사도 바울을 복음의 증인으로 부르시며, 가서 이 메시지를 전하라고 하셨습니다. 그때 주신 말씀이 이것입니다. "그 눈을 뜨게 하여 어둠에서 빛으로, 사탄의 권세에서 하나님께로 돌아오게 하고"(행 26:18). 그리스도는 바울에게 사람들을 밝히 깨우치라고 하셨습니다. 눈을 뜨게 해 주라고 하셨습니다. 가르치라고 하셨습니다. 교훈하라고 하셨습니다. 생각하게 만들라고 하셨습니다. 생각하는 방법을 알려 주라고 하셨습니다. 사람들은 편견에 사로잡혀 있습니다. 대적의 독단적인 주장에 휘둘리고 있습니다. 태초에도 그랬고 지금도 그렇습니다. 이것이 우리의 문제입니다.

이제 그 다음 단계, 사탄의 독단적인 주장에 홀린 남자와 여자가 거친 단계를 관찰해 봅시다. 그들이 뱀의 형체로 찾아온 빛나는 존재의 권위에 홀렸듯이, 오늘날도 많은 사람들이 유명인이나 과학이나 그 밖의 추상적 개념에 홀려 있습니다.

첫째로, 뱀의 말을 들은 남자와 여자는 하나님의 권세를 의심하기 시작했습니다. 마귀는 말했습니다.

하나님이 참으로 너희에게 동산 모든 나무의 열매를 먹지 말라 하시
더냐? 여자가 뱀에게 말하되 동산 나무의 열매를 우리가 먹을 수 있
으나 동산 중앙에 있는 나무의 열매는 하나님의 말씀에 너희는 먹지
도 말고 만지지도 말라. 너희가 죽을까 하노라 하셨느니라. 뱀이 여
자에게 이르되 너희가 결코 죽지 아니하리라(창 3:1-4).

마귀는 하나님의 말을 믿지 말라고 했습니다. "처음에는 굉장하게
들려 주눅이 들었겠지만, 사실은 전혀 신경 쓸 필요 없어. 먹고 싶
으면 따먹으라고. 내가 장담하는데 먹어도 죽지 않는다니까. 하나
님이 뭘 어쩌겠어. 다 쓸데없는 말이니까 귀담아 듣지 마. 겁내지
말라고. 압제에 굴하면 안 돼. 맞서서 대항해야지. 하나님이 한 말
은 사실이 아니야."

이 말을 들은 인간은 하나님의 권세에 의문을 품기 시작했습니
다. 이것이 첫 단계입니다. 첫 단계는 언제나 이렇게 시작합니다.
하나님의 권세를 아는 사람은 일초도 더 대항할 마음을 품지 못합
니다. 의심하고 믿지 않기 때문에 계속 죄 가운데 머무는 것입니
다. 성경은 이와 다른 길을 제시합니다. "여호와를 경외함이 지혜
의 근본이라"(시 111:10). 또 다른 성경은 "살아 계신 하나님의 손
에 빠져들어 가는 것이 무서울진저"라고 말합니다(히 10:31). 선지
자 다니엘이 벨사살 왕의 연회에서 전한 메시지도 기억하기 바랍
니다. 벨사살이 후궁들과 함께 성전 그릇으로 술을 마시면서 그 그
릇들을 더럽힌 것도 문제지만, 더 심각한 문제는 "도리어 왕의 호

흡을 주장하시고 왕의 모든 길을 작정하시는 하나님께는 영광을 돌리지" 않은 데 있다고 다니엘은 지적했습니다(단 5:23). 아담과 하와가 하나님의 권세를 의심하기 시작하자, 다른 죄들이 줄줄이 그 뒤를 따라왔습니다.

지금도 이 순서, 이 과정이 그대로 반복되고 있습니다. 성경은 그 이야기로 가득 차 있습니다. 모세 같은 인물을 보십시오. 그는 처음 사명을 받을 때 불붙은 떨기나무를 보았습니다. 그래서 자세히 살펴보려고 다가가는데, 가까이 오지 말라는 음성이 들렸습니다. "네가 선 곳은 거룩한 땅이니 네 발에서 신을 벗으라"(출 3:5).

오, 하나님의 권세여! 우리가 하나님을 입에 올리는 방식 자체가 그 권세를 부인하는 표시라는 생각이 들지 않습니까? 우리는 종교적인 주제에 대해 논쟁하고 토론하기를 좋아합니다. 이런 논쟁보다 재미있는 것이 있습니까? 누군가 말합니다. "내 생각에는 말이야, 하나님이 이런 일을 할 수 있을 것 같지 않아." 아마 이렇게 하나님 이야기를 하는 그의 입에는 담배가 물려 있을 것이고, 두 손은 주머니에 꽂혀 있을 것입니다. 그러나 하나님은 모세에게 말씀하셨습니다. "신을 벗어라. 내가 누구인지, 어떤 존재인지 아느냐? **나는 스스로 있는 자다.** 그런데 **네가** 감히 **나를** 조사하겠다고? 뒤로 썩 물러나거라!"

그는 참되신 하나님이요, 땅 끝까지 지으신 창조자요, 영원토록 영광 가운데 계신 전능자입니다. 결코 피곤하거나 곤비하거나 지치지 않는 분입니다. 그런데 우리가 그를 어떻게 입에 올리는지,

어떻게 그에 대해 논하면서 자기 견해를 밝히는지 보십시오. 우리 눈에는 하나님을 두려워하는 빛이 없습니다(시 36:1). 이것이 문제입니다. 우리는 우리가 말하는 대상이 어떤 분인지 알지 못합니다. 하나님을 알지 못합니다.

물론 우리는 강력하고 성경적인 설교를 듣고서도 현대인 특유의 자신감으로 미소를 지으며 "백 년 전이나 그 이전 조상들이라면 겁먹을 만도 하군요. 두려움의 영에 잡힌 사람들이 그리스도인도 되고 복음도 믿는 법이지요. 우리가 다 알고 있는 사실이에요. 우리는 비교종교학을 공부했기 때문에, 모든 종교가 두려움에 기초한다는 것과 하나님이란 하늘을 날아다니면서 말 안 듣는 아이들을 잡아가는 일종의 큰 도깨비 같은 존재라는 걸 잘 압니다. 사람들은 언제나 그런 존재를 믿을 준비가 되어 있지요. 그래서 태양을 믿기도 하고, 달과 별을 믿기도 하는 겁니다. 비교종교학을 공부하면 다 알 수 있는 사실이에요. 그런 말에 속아 넘어가기에는 우리가 아는 게 너무 많다고요. 하나님이 말씀하셨다고요? 세상에, 그런 말에 겁먹을 거라고 생각하다니! 그런다고 지옥을 무서워할 것 같습니까! 벌벌 떨며 어떻게 해야 구원을 얻겠느냐고 물을 것 같습니까! 미신적으로 하나님을 두려워하는 시대는 이제 지났습니다."

제가 지금 과장하고 있습니까? 명백하고도 엄연한 사실이 그렇지 않습니까? 실제로 이런 태도로 전능하신 하나님을 대하고 있지 않습니까? 지금 사람들은 하나님께 도전하고 있습니다. 그의 권세에 도전하고 있습니다. 어떤 이의 말을 들어 봅시다.

피투성이가 되어도 고개를 숙일 순 없어……

나는 내 운명의 주인,

내 영혼의 선장이다.

　　—윌리엄 어니스트 헨리William Ernest Henley, '정복되지 않는 자,

　　R. T. H. B.를 추도하며Invictus. In Memoriam R. T. H. B.'

"나〔현대인〕는 혼자서도 충분히 잘살 수 있다. 신이 있다 해도 꼿꼿이 서서 도전할 것이다. 아무도 나를 겁줄 수 없다. 압제할 수 없다. 무섭게 할 수 없다. 나는 죽음이 두렵지 않다. 영원도 두렵지 않다. 하나님도 두렵지 않다"라는 것입니다.

물론 모든 사람이 이런 말로 자기 태도를 표현하는 것은 아닙니다. 그러나 하나님께 전적으로 복종하는 삶을 살지 않는다면 이런 말을 하는 것이나 다름없습니다. 참으로 자기 위에 하나님의 권세가 있다고 믿는 사람은 그 발 앞에 엎드릴 것입니다. 스스로 무릎을 꿇을 것입니다. 그의 얼굴을 바라보며 "저를 불쌍히 여겨 주십시오. 저를 축복해 주십시오"라고 간청할 것입니다. 여러분은 이렇게 하고 있습니까? 과거에 이렇게 한 적이 있습니까? 지금 여러분의 삶과 생각을 다스리는 주체는 누구입니까? 하나님입니까, 아니면 여러분 자신이나 현대세계입니까? 이처럼 인간은 무엇보다 먼저 하나님의 권세를 의심합니다.

설상가상으로 마귀는 하나님의 선하심도 의심하게 만들었습니다. 어떻게 그렇게 했습니까? 그는 태초의 두 사람에게 말했습니다.

"너희가 그것을 먹는 날에는 너희 눈이 밝아져 하나님과 같이 되어 선악을 알 줄 하나님이 아심이니라"(창 3:5).

이 말의 요지는 이것입니다. "오랫동안 너희를 보면서 안타까웠어. 하나님이 너희를 위협하고 너희 삶을 압제하는 걸 보면서 늘 진실을 알려주고 싶었지. 그래서 이렇게 찾아온 거야. 하나님이 왜 너희더러 열매를 먹지 말라고 했는지 알아? 너희가 이상적인 자기 모습을 찾는 게 싫어서, 너희 속에 잠재된 그 모습이 발현되는 게 싫어서 그런 거야. 그래, 한마디로 질투를 하는 거지. 너희가 신이 되어 자기처럼 선악을 알게 되는 게 싫은 거라고. 그런데 저 열매를 먹으면 자기처럼 될 테니까 먹지 말라고 한 거야. 그래서 이런 금지 조항을 만든 거지."

그들은 이 말을 믿었습니다! 하나님의 공평과 의, 자비하심과 선하심을 의심하기 시작했습니다. 주저없이 말하건대, 하나님의 도덕성을 의심하기 시작한 것입니다. 그들은 하나님이 자신들을 대적하신다는 말, 그래서 금지조항을 만드셨다는 말을 받아들였습니다. 질투 많고 이기적이며 편협한 하나님이 자신들 위에 군림하려고 열매를 먹지 못하게 한다는 말을 믿었습니다.

지금도 하나님에 대해 이렇게 무서운 생각을 하는 자들이 수없이 많다는 사실을 굳이 지적하지 않아도 잘 알 것입니다. 마음 깊은 곳에서부터 하나님을 괴물로 여기는 사람들, 하나님이 자신을 대적하며 자기 삶을 망치는 걸 낙으로 여긴다고 생각하는 사람들이 많습니다. 그래서 자신은 복음을 믿지 않노라고 흔히들 말하지 않습니까?

혹시 이 자리에 처음 집을 떠나온 젊은이가 있는지 모르겠습니다. 지금까지는 부모 손에 이끌려 교회에 다녔지만, 이제는 집을 떠나 런던에 오게 된 젊은이 말입니다. 그렇다면 혹시 마음속으로 이런 생각을 하고 있지는 않습니까? '이제 기독교는 구석에 처박아 버려야지. 그동안 너무 숨 막히게 살아왔어. 많은 걸 박탈당한 채 교회나 가고 성경이나 읽고 기도회나 다니면서 답답하게 살았잖아.' 그러면서 '그동안 못한 게 너무 많아. 이제야말로 기회가 왔으니, 정말 사는 것처럼 살면서 즐겨 보자'라고 할지도 모릅니다.

이런 마음이 어떤 것인지 우리 모두 잘 알고 있습니다. 답답하고 갑갑한 복음에 갇혀 비기독교 집안에서 자란 친구들이 누리는 멋진 삶을 맛보지 못한다는 박탈감을 느껴본 경험이 다 있지 않습니까? 우리는 하나님과 기독교적인 삶의 방식이 어떤 식으로든 우리에게 불리하다고 생각하며, 우리의 최대 이익이나 즐거운 삶이나 행복에 반대된다고 생각합니다. 어찌 되었든 하나님은 우리가 이 세상에서 잘되기를 바라시지 않으며, 즐겁게 살기를 원하시지 않는다고 생각합니다. 그렇지 않습니까? 여기에는 당연히 하나님의 심판은 틀렸고 불공정하다는 생각, 하나님은 우리에게 이런 말씀을 하실 권리가 없다는 생각이 따라붙습니다. 내가 왜 마지막 순간에 심판대 앞에 서야 합니까? 이처럼 하나님의 선하심을 의심하는 것이 두 번째 단계입니다.

이제 그 다음 단계에 주목하기 바랍니다. 이 단계들을 보면 정말 흥미롭습니다. 세상 모든 사람이 이 단계들을 그대로 반복해서 밟아 나갑니다! 두 번째 단계에 필연적으로 뒤따르는 다음 단계는 인간의 이성이 끼어들어 하나님의 길을 밀어내는 것입니다. 각 단계가 어떻게 연결되는지 알겠습니까? 독단적인 주장에서 출발하여 처음에는 하나님의 권세에 이의를 제기하고, 다음에는 하나님의 선하심에 이의를 제기합니다. 그리고 세 번째로 떠오르는 생각은 '그래, 무언가 대단한 게 있긴 있어'라는 것입니다. 6절은 이렇게 말합니다. "여자가 그 나무를 본즉 먹음직도 하고 보암직도 하고 지혜롭게 할 만큼 탐스럽기도 한 나무인지라." 여자는 늘 그 나무를 보아 왔고 전에도 그 앞에 가서 쳐다본 적이 많았지만, 이런 생각을 한 적은 한 번도 없었습니다.

이것이 항상 세 번째로 따라오는 단계입니다. 처음에는 하나님의 권세에 의구심을 품습니다. "무서워할 필요 없어. 겁쟁이처럼 굴지 말라고. 두려움 같은 감정에 휘둘리면 안 돼. 다 떨쳐 내고 꿋꿋하게 서야지"라고 말합니다. 그리고 나서 하는 말은 이것입니다. "자, 이제 하나님을 한번 조사해 볼까. 하나님은 선하신가? 아니, 그렇지 않군. 이 종교는 너무 옹졸하고 편협하네. 기독교보다는 저 종교가 더 통이 큰걸." 이 단계가 되면 사람은 추론을 하면서 자기 철학을 세우기 시작합니다. 그러면서 이렇게 말합니다. "그래, 나는 늘 세상의 삶은 아주 해롭다는 말을 들으며 자랐지. 하지만 직접 보니 그렇게 해로운 것 같지 않아. 세상에서 살고 있는 사람들 좀 봐. 죄를 짓는다고 금방 죽지 않잖아. 하고 싶은 대로 다 하는데도 오히려 일이 잘 풀린다고. 저 많은 불행한 그리스도인들에 비해 얼마나 행복해 보여? 이런, 그러고 보니 그리스도인의 삶이 더 해롭네! 멋지게 사는 저 대단한 사람들을 좀 봐. 정말 유명하잖아!"

그 다음에 나오는 말은 당연히 이것입니다. "그래, 신앙을 완전히 버리자는 건 아니야. 어떻게 하면 좋을까? 그래, 신앙을 좀 더 마음에 들게 바꾸어 보자." 그러면서 인간의 이성과 사고를 동원하여 새로운 신을 창조하기 시작합니다. "맞아, 우리는 하나님을 믿고 싶어. 하지만 금지하는 하나님이나 율법적인 하나님, 공평하고 의롭고 거룩한 하나님, 심판대에 서서 우리를 지옥에 보내겠다고 협박하는 그런 하나님은 안 돼. 그럼, 안되고말고. 우리가 원하는 하나님, 우리가 믿고 싶은 하나님은 항상 미소를 지으시며 '괜찮다. 다 용서해 주마. 계속 그렇게 살면 된다'라고 말씀하시는 분이야."

지금 사람들이 하고 있는 일이 바로 이것 아닙니까? 하나님에 대한 여러분의 생각, 즉 하나님은 어떤 분이시며 어떤 분이셔야 한다고 생각하는지 종이에 적은 후에 성경이 말하는 하나님과 한번 비교해 보십시오. 제 말이 전혀 과장이 아님을 확인할 것입니다. 이 단계에 이르면 하나님을 까맣게 잊은 채 자신들의 견해와 철학을 그 자리에 올려 놓게 됩니다. 지난 백 년간 일어난 일이 바로 이것이었습니다. 성경은 권위를 잃었습니다. 사람들은 더 이상 하나님의 말씀을 귀담아 듣지 않게 되었습니다. 인간의 말을 귀담아 듣게 되었습니다.

제가 볼 때 더더욱 놀랍고 경악스러운 사실은, 하나님이 사람들을 위해 그 모든 일을 해 주시고 그 모든 복을 내려 주셨는데도 이렇게 한다는 것입니다. 이런 의미에서 제가 처음에 이해가 안 된다고 말했던 것입니다.

이에 대해 생각해 본 적이 있습니까? 아담을 보십시오. 하와를 보십시오. 그리고 하나님이 그들에게 해 주신 일을 생각해 보십시오. 하나님은 그들을 창조하시고 모든 것을 주셨습니다. 피조세계의 주인으로 세우시고 낙원에서 멋진 삶을 살게 해 주셨습니다. 그들과 이야기를 나누셨고 그들을 방문하셨으며 그들과 함께 거니셨습니다. 그들은 우리의 상상을 초월하는 지복을 누렸습니다. 만사가 순탄했고 완벽했습니다. 하나님은 그들을 위해 이 모든 일을 해 주셨습니다. 그런데도 하나님에 대해 거짓말로 떠드는 소리를 덥석 믿어 등을 돌리고 불순종함으로써 모든 재앙을 자초한 것입니다.

무슨 말인지 모르겠습니까? 은혜를 모르는 친구가 주변에 있을 때 여러분은 뭐라고 말합니까? A라는 사람에게 엄청나게 심각한 문제가 있는데, 친구인 B가 돈을 주고 자기 집에서 지내게 해 주면서 선물도 한없이 주고 그를 위해 할 수 있는 모든 일을 아낌없이 해 주었다면 어떻겠습니까? 그런데도 A가 B를 험담하는 사람의 거짓말을 덥석 믿는다면 뭐라고 하겠습니까? 누군가 A를 찾아와 말합니다. "이봐, 그 친구도 다 자기한테 이롭고 유리한 구석이 있으니까 그렇게 한 거야. 온전히 자넬 위해서 그런 게 아니라고. 그 친구는 항상 자기 생각만 한다니까. 이기적이고 자기중심적이지. 그 친구가 선한 마음이나 호의를 가지고 그랬다고 믿는 건가! 정말 그렇게 믿는 거야? 그렇지 않다니까!"

A는 그 거짓말을 믿고 그 말을 곱씹으면서 자신의 제일 친한 친구이자 은인인 B를 배신하는 짓을 합니다. 여러분이라면 그런 사람을 어떻게 생각하겠습니까? 정말 비열한 인간이라고 비난하지 않겠습니까? 그 비난은 합당한 것입니다.

그렇다면 아담과 하와는 어떻습니까? 그들은 하나님이 자신들을 위해 이 모든 일을 해 주시고 이 모든 복을 쏟아 부어 주셨는데도 마귀의 거짓말을 믿고 하나님께 화를 내며 등을 돌리고 자기들 멋대로 해 버렸습니다. 사랑하는 여러분, 모든 비그리스도인들이 지금 하고 있는 짓이 바로 이것입니다. 하나님은 여러분에게 생명을 주셨습니다. 여러분을 돌보고 보살펴 줄 사랑하는 가족이 있는 가정에 태어나게 해 주셨습니다. 결혼제도를 만드셨고, 가족제도를 만드셨으며, 국가제도를 만드셨습니다. 비를 주시는 분도 아버지 하나님입니다. 햇살을 주시는 분도 하나님입니다. 밭에서 수확하여 양식을 얻게 하시는 분도 하나님입니다. 하나님이 한순간에 이 모든 혜택을 거두어 가실 수 있음을 압니까? 그의 은혜 덕분에 지금 우리가 이 모든 혜택을 누리고 있는 것입니다. 그의 섭리 덕분에 출생의 순간부터 이 모든 영광스러운 선물과 혜택에 둘러싸여 사는 것입니다.

그뿐 아니라 일반적인 의미에서 기독교가 세상에 끼친 혜택에 대해 곰곰이 생각해 본 적이 있습니까? 세상에서 가장 높이 평가하는 많은 일들이 기독신앙의 부산물로 이루어졌다는 사실에 주목한 적이 있습니까? 교육과 병원이 대표적인 예입니다. 교육과 병원을 시작한 것은 기독교입니다. 기독교와 교회가 없었다면 둘 다 시작되지 못했을 것입니다. 세상은 이런 것을 제공하지 못합니다. 제 말만 듣지 말고, 직접 역사 기록을 찾아 읽어 보십시오. 직접 추적해서 알아 보십시오. 여러분은 교육과 병원의 혜택을 누리고 있습니다. 그것은 하나님에게서 나온 것입니다. 하나님이 그 혜택을 주셨습니다.

그런데 하나님은 이 모든 것을 무색케 할 정도로 놀라운 일을 한 가지 더 행하셨습니다. "하나님이 세상을 이처럼 사랑하사 독생자를 주셨으니 이는 그를 믿는 자마다 멸망하지 않고 영생을 얻게 하려 하심이라"(요 3:16). 하나님은 자신을 반역하고 자신의 얼굴에 침을 뱉은 세상을 사랑하여 그들이 한 짓과 상관없이 독생자를 세상에 보내 주셨습니다. 하나님의 아들은 갓난아기의 모습으로 베들레헴에서 태어나셨고—저는 이 일을 이해할 수가 없습니다—자기를 낮추어 십자가의 길로 나아가셨습니다. 여러분과 저를 구속하고 용서하며 하나님께로 돌이키기 위해, 천국으로 이끌기 위해 나무에 달려 죽으셨습니다. 그런데도 사람들은 그의 얼굴에 침을 뱉었으며, 지금도 여전히 침을 뱉고 있습니다.

사람들은 아담과 하와의 옛적 행동을 그대로 반복하고 있습니다. 두 사람은 하나님이 자신들을 위해 이 모든 일을 해 주셨는데도 마귀의 거짓말을 믿었습니다. 사람들은 지금도 거짓말을 믿고 있습니다. 갈보리와 십자가가 뻔히 보이는데도 "아니야, 하나님은 우리를 대적해"라고 말합니다. 십자가에서 이런 일을 하신 하나님이 우리를 대적하신다고요? 이에 대해 할 수 있는 말은 오직 한 가지, 미친 소리라는 것뿐입니다. 여러분, 여러분은 속고 있습니다. 정신을 못 차리고 있습니다. 눈에 티끌이 들어가 제대로 보지 못하고 있습니다. 이것이 얼마나 어리석은 말인지 모르겠습니까? 여러분을 위해 자신의 독생자를 아끼지 않고 십자가에 내어 주신 하나님이 이기적이시고 교만하시다니요! 여러분을 대적하며 언제라도 짓뭉개려 하신다니요! 사실을 똑바로 보십시오. 이것이 얼마나 어리석은 태도인지 인정하십시오. 지금 깨닫지 못하는 사람들은 그날에 모든 진실을 알게 될 것입니다.

마귀는 말했습니다. "그 말을 믿지 마. 먹고 싶은 만큼 실컷 따 먹어도 된다니까. 절대 죽지 않아!" 그러나 그들은 죽었습니다. 죽음이 세상에 들어와 지금까지 군림하고 있습니다.

마귀는 "나쁜 결과가 생기지 않을 것"이라고 했지만, 나쁜 결과가 생겼습니다. 남자와 여자는 낙원에서 쫓겨나, 땀 흘리며 고생해야 양식을 얻을 수 있게 되었습니다. 지금도 그렇지 않습니까? 우리는 이렇게 고생하기를 싫어합니다. 그래서 조금이라도 덜 고생하기 위해 투쟁합니다. 그 결과 일주일 내내 일하던 것이 엿새로 줄었고, 지금은 닷새로 줄어 있습니다. 그러나 할 수만 있다면 단 하루도 일하고 싶지 않은 것이 우리 심정입니다! 영원토록 휴일만 계속되면 얼마나 좋을까요! 우리는 모든 것을 거저 얻을 수 있으면 정말 좋겠다고 생각합니다.

이처럼 "얼굴에 땀을 흘려야" 양식을 얻는 결과뿐 아니라 출산의 고통이라는 결과도 따라왔습니다(창 3:19). 이런 결과들은 지금도 계속되고 있으며, 앞으로도 계속될 것입니다.

마귀는 "너희가 결코 죽지 아니하리라"라고 말했습니다. 그러나 죄를 짓고 나서 아담과 하와는 낙원에서 쫓겨나 땀 흘리며 노동해야 했고, 고통스럽게 자식을 낳아야 했으며, 그 자식들 사이에서는 살인이 일어났고, 죽음이 찾아왔습니다. 근거 없이 독단적으로 단언하기는 쉽습니다. 그러나 그 단언은 하나님에 대한 진실을 조금도 흔들지 못합니다.

지금 여러분과 저는 전능하고 영원하신 하나님 앞에 서 있습니다. 그렇다면 당연히 신을 벗고 입을 가리고 말을 삼가야 하지 않겠습니까? 우리는 그의 손안에 있는 사람들입니다. 하나님은 자신의 길을 분명하고도 확실하게 알려 주셨습니다. 재앙이 닥친 이유와 그 재앙에서 벗어날 유일한 탈출구를 알려 주셨습니다. 우리는 예수 그리스도 안에서 값없이 온전한 구원을 얻을 수 있습니다. 이 사실을 깨닫고, 하나님을 반역한 죄에서 자신의 모든 문제가 비롯되었음을 고백하기만 하면 됩니다. 지금 하나님께 나아가 아뢰십시오. 그리스도 안에서 주시는 것을 받겠다고 하십시오. 그러면 기꺼이 여러분을 영접해 주시며 축복해 주실 것입니다. 여러분 위에 머물던 하나님의 진노를 깨끗이 거두어 주실 것입니다. 그러면 더이상 죽음과 무덤을 두려워할 필요가 없습니다. 하나님을 두려워할 필요가 없습니다. 이제는 자신이 하나님과 화목케 되었다는 것,

그의 자녀가 되었다는 것을 알기 때문입니다.

달리 표현해 보겠습니다. 동산에서 일어났던 반역의 과정을 정반대로 따라가십시오. 그러면 여러분의 영혼이 잘될 것입니다. 어리석은 추론을 포기하고 하나님께 귀를 기울이십시오. 그가 하신 말씀을 믿으십시오. 그가 하신 말씀에 복종하십시오. 그러면 하나님의 생명으로 살게 될 것이며, 믿고 복종하는 일이 즐거워질 것입니다.

"하나님이 말씀하셨을 리가 있나요?"라고 하지 말고, "하나님의 말씀을 믿습니다. 그 말씀을 받아들입니다. 그 말씀에 굴복합니다"라고 하십시오. 그러면 도저히 이해할 수 없는 복을 이 세상에서 받을 것이고, 숨을 거둘 때에도 받을 것이며, 그 후에도 영원 무궁히 하나님과 함께하며 그리스도와 함께하게 될 것입니다.

무화과나무 잎 3

이에 그들의 눈이 밝아져 자기들이 벗은 줄을 알고 무화과나무 잎을 엮어 치마로 삼았더라. 그들이 그날 바람이 불 때 동산에 거니시는 여호와 하나님의 소리를 듣고 아담과 그의 아내가 여호와 하나님의 낯을 피하여 동산 나무 사이에 숨은지라. 여호와 하나님이 아담을 부르시며 그에게 이르시되 네가 어디 있느냐?

창세기 3:7-9

창세기 3장은 성경 전체의 메시지를 제대로 이해하는 데 반드시 필요한 본문임을 상기시키고 싶습니다. 우리가 교회에 모이는 목적은 바로 이 메시지를 살피려는 데 있습니다. 교회는 철학단체도 아니고 문화단체도 아닙니다. 교회의 사명은 바로 이 책의 메시지를 설명하고 선포하는 것입니다. 그 밖의 일들은 교회의 일차적인 관심사가 아닙니다. 그래서 교회의 모임과 예배가 독특한 것입니다. 그리스도의 이름으로 드리는 모든 예배는 "우리는 하나님에게서 나왔고 그가 주신 메시지를 가지고 있다"라는 주장을 출발점으로 삼는다는 점에서 독특합니다. 우리는 우리 자신을 출발점으로 삼지 않습니다. 우리 힘으로 하나님께 도달하거나 그 밖의 것에 도달하려 애쓰지 않습니다. 우리가 모이는 것은 오직 하나님이 주신 이 메시지를 살피기 위해서입니다.

이 책에는 바로 지금 인간들에게 주시는 중대한 메시지가 들어 있습니다. 이 책의 메시지는 삶과 동떨어지거나 유리된 메시지가 아닙니다. 세상에서 가장 실제적인 메시지입니다. 이 책은 세대를 거듭하며 그 메시지를 전해 왔습니다. 사람들이 처한 형편과 상황 속으로 정확하게 찾아왔고, 지금도 찾아오고 있습니다. 이 책은 이론적인 의문거리나 흥밋거리를 다루지 않습니다. 그런 것을 다루는 책들은 따로 있으며, 그 책들도 저마다 역할이 있고 중요합니다. 그러나 우리에게 있는 이 책은 그런 책이 아닙니다. 성경의 일관된 가르침은 이 세상이 잠시 지나가는 곳에 불과하다는 것입니다. 그러면서도 우리의 영원하고 영구적인 미래가 바로 지금 결정되기 때문에 세상의 삶이야말로 무엇보다 중요하다고 지적합니다.

성경이 진리를 제시하는 방식은 한결같습니다. 일단 우리가 가만히 있어서는 안 된다는 사실을 상기시킵니다. 우리의 처지가 얼마나 절박한지 각인시킵니다. 전문용어를 빌리자면, **실존적으로** 진리를 제시하는 것입니다. 이것은 초연하고 무심하게 뒤로 물러나 있을 수 없다는 뜻입니다. 성경은 여러분이 불확실한 세상에 살고 있기 때문에, 여러분의 삶 자체가 불확실하기 때문에 초연할 수 없다고 말합니다. 정신을 바짝 차리고 들으라고 호소합니다.

성경은 우리 각 사람의 당면 문제를 다루는 책입니다. 우리 자신에 대해 이야기하는 책입니다. 창세기 3:9이 상기시키는 바가 그것입니다. "여호와 하나님이 아담을 부르시며 그에게 이르시되 네가 어디 있느냐?" 하나님은 각 개인을 직접 부르십니다. 지금도 우리에게 말씀하시되, 각 개인에게 말씀하십니다. 우리의 처지에 대해, 우리가 이렇게 된 이유와 과정에 대해, 여기에서 벗어날 방법에 대해 말씀하십니다. 이것이 성경 전체의 메시지입니다. 다시 말해서 성경의 관심은 우리 자신과 우리의 문제, 우리의 고통과 혼란과 고민, 삶을 힘겹게 만드는 온갖 장애물에 있습니다.

이러한 성경 메시지를 제대로 이해하려면 창세기 3장의 메시지부터 이해해야 합니다. 3장의 메시지야말로 성경 메시지의 토대가 되기 때문입니다. 우리는 3장에서 세상이 이 지경이 된 정확한 이유를 듣게 됩니다. 이것은 실제 역사입니다.

너무 단언하는 것 아니냐고 할지도 모르겠습니다. 저도 인정합니다. 수학 문제를 증명하듯이 제 말을 증명할 수는 없습니다. 그러나 삶에서 가장 중요한 것들은 수학 문제를 증명하듯이 증명할 수 없는 법입니다. 저는 여러분이 당연시하고 있고 참이라고 알고 있음에도 수학적인 의미에서 증명할 수 없는 예를 얼마든지 제시할 수 있습니다. 성경의 전적인 주장은 이것이 실제 역사라는 것입니다. 성경은 인간이 이 지경이 된 이유를 설명해 줍니다. 또 앞서 지적했듯이 우리 한 사람 한 사람의 현재 모습도 아주 뛰어나게 묘사해 줍니다. 죄에 빠진 인간의 특징이 바로 이 점에 있습니다. 단순히 아담과 하와의 죄를 물려받기만 한 것이 아니라 본인들도 그들의 행동을 그대로 답습하는 것입니다.

지난번에는 지성적인 면에서 이 점을 살펴보았습니다. 타락한 인간은 모든 영역에서 탈선했는데, 가장 먼저 탈선한 영역이 바로 지적인 영역이었습니다. 마귀의 독단적인 주장에 넘어가 열매를 쳐다보며 어루만지는 순간, 먹고 싶은 마음이 불쑥 올라왔습니다. 그래서 하나님이 자신들을 위해 해 주신 그 모든 일에도 불구하고 사탄이 하나님의 성품과 권세에 대해 떠드는 거짓말을 받아들여 의도적인 반역을 저질렀습니다. 그리고 마귀의 또 다른 생각도 받아들여 그대로 행동하다가 뿌린 대로 거두게 되었습니다. 이제부터 살펴보겠지만, 인간은 지금도 같은 짓을 하고 있습니다. 아무 증거 없는 지극히 독단적인 주장인데도 단순히 유명인사의 이름이 붙어 있다는 이유로, 그들이 확실하다고 큰소리친다는 이유로 덥석 받아들이는 것입니다.

그리스도인들만 현대인의 사고방식에 대해 이런 지적을 하는 것은 아닙니다. 라디오 강연에서도 이른바 '과학적 허풍'이라는 주제를 다룬 적이 있습니다. 아주 흥미로우면서도 정확한 강연이었습니다. 강사는 일반인들, 심지어 과학자들이 어떻게 여러 가지 방식으로 오도되고 있으며 또 오도될 수 있는지 보여 주었습니다. 그것은 모든 영역에 들어맞는 지적이었지만, 특히 과학의 영역에 들어맞는 지적이었습니다. 인간은 지금도 몇몇 이론이나 독단적인 주장에 근거하여 하나님께 도전하고 반역하며, 태초에 두 사람이 거쳤던 딱한 과정을 그대로 반복하고 있습니다. 하나님에 대한 의심과 미움을 표출하며, 은혜를 저버리고, 자신들의 이성을 동원하여 신적인 계시를 밀어내고 있습니다. 알다시피 열매가 먹음직도 하고 보암직도 하다는 것을 깨달은 여자는 자신의 지각과 이성을 사용했고, 결국 열매를 따먹었습니다. 과정은 똑같습니다. 태초에 일어났던 일이 지금도 반복되고 있습니다.

저는 이런 일이 지성과 지각의 영역에서만 반복되는 것이 아니라, 훨씬 더 경험적이고 실제적인 차원에서도 반복되고 있음을 보여 드리고자 합니다. 죄에 빠진 인간은 여전히 같은 짓을 하고 있습니다. 그 모습이 오늘 본문에 완벽하게 나옵니다. 거듭 고백하지만, 저는 때로 사람들을 이해하기가 어렵습니다. 죄에 관한 성경의 가르침이 참되다는 것과 이 세상의 신이 우리 마음을 가리고 있다는 것을 몰랐다면 전혀 이해하지 못했을 것입니다. 어떻게 창세기 3장을 읽고서도 이것이 우리 모든 사람에 대한 완벽한 묘사요 서술임을 깨닫지 못하는지 모르겠습니다. 성경을 읽으면서도 "내가 살아온 모습과 행동이 이렇게 정확하게 나와 있는 걸 보면 이 책은 사실인 것이 틀림없다. 이것이야말로 오늘날 세상 모든 사람의 이야기요 나 자신의 이야기다"라고 말하지 않는 것이 그저 놀라울 따름입니다.

우리는 이렇게 성경을 인정하는 대신 심리학을 비롯한 여러 가지 방법을 동원하여 현실을 설명하려 듭니다. 이것이 제가 지적하고 싶은 점입니다. 하나님의 소리가 들리는데도 귀를 틀어막은 채 자신의 슬픔과 문제와 시련과 환난에 매몰되어 유일한 해방과 구원의 길을 거부하는 것입니다. 죄는 항상 우리를 이런 혼란에 빠뜨립니다. 하나님의 소리에 귀를 막고 제멋대로 가는 사람은 혼란에 빠지게 되어 있습니다. 우리는 재앙을 자초했을 뿐 아니라 구조의 손길마저 거부하고 있습니다. 그러면 아무리 앞으로 나아가도 제자리에서만 맴돌 뿐, 목적지에 이를 수 없습니다.

이제 제가 일깨우고 싶은 점은 이것입니다. 앞서 살펴보았듯이 인간의 반역은 몇 가지 결과를 몰고 왔습니다. 그것이 무엇입니까? 자, 태초에 아담과 하와에게 일어난 일이 여기 나와 있습니다. 그것을 살펴보면 오늘날 우리의 상황과 똑같다는 것을 알 수 있습니다.

"여자가 그 열매를 따먹고 자기와 함께 있는 남편에게도 주매 그도 먹은지라." 그 즉시 "그들의 눈이 밝아져 자기들이 벗은 줄을 알고 무화과나무 잎을 엮어 치마"를 만들어 입었습니다(창 3:6-7).

무슨 뜻입니까? 자, 반역과 죄의 행위에 따라온 첫 번째 결과는, 그 즉시 상실감을 느꼈다는 것입니다. 이것은 아주 흥미로운 구절입니다. "그들의 눈이 밝아져 자기들이 벗은 줄을 알고." 무슨 뜻일까요? 정확한 의미는 알 수 없습니다. 그러나 어쨌든 전에 있던 것이 이제는 사라졌음을 바로 알아차렸다는 뜻이 아닌가 합니다. 그들은 어떤 의미에서 자신들이 벗은 것을 알았습니다. 전에는 그렇지 않았습니다. 그렇다면 대체 무엇을 벗었다는 것일까요? 저는 모르겠습니다. 그러나 '하나님이 완벽하게 만드신 태초의 인간은 영혼뿐 아니라 그 몸에도 일종의 영광이 있었을 것'이라는 주해에 동의합니다. 인간은 영혼만 타락한 것이 아니라 몸도 타락했습니다. 그래서 사도 바울이 마지막 때 주님이 다시 오시면 "우리의 낮은 몸—부끄러운 몸—을 자기 영광의 몸의 형체와 같이 변하게 하시리라"라고 말한 것입니다(빌 3:21).

인간이 모든 면에서 하나님의 형상대로 창조되었음을 기억합시다. 인간은 '영적인 의'라는 면에서 온전했을 뿐 아니라 그 몸에도 영광이 있었을 것입니다. 그러나 아담과 하와가 죄를 지으면서 그 영광은 사라지고 우리가 지금 알고 있는 몸만 남았습니다. 그들은 무언가 박탈당했음을 알았습니다. 벗은 느낌, 불완전한 느낌, 상실감이 찾아왔습니다. 무언가 사라져 버렸습니다. 영광이 떠나 버렸습니다.

　제가 말하고 싶은 점은, 그 후의 인간들도 마찬가지라는 것입니다. 모든 사람이 분명 상실감을 느끼고 있습니다. 우리도 뭔지는 몰라도 무언가 잃어버린 듯한 느낌을 가지고 있지 않습니까? 지금보다는 더 나은 것, 더 높은 것이 있을 것만 같습니다. "더 광대한 창공, 더 신성한 공기"*에 대한 갈망이 어떤 것인지 우리 모두 어느 정도 알고 있습니다. 이것은 얼버무려 넘길 수 있는 문제가 아닙니다. 여러분은 그 느낌을 알고 있습니다. 모든 사람이 그 느낌을 알고 있습니다. 겉으로 드러나는 명백한 죄에 빠진 사람도 어떤 식으로든 더 나은 가능성이 있을 것 같다는 생각을 합니다. 이런 삶 말고 다른 무언가가 어딘가에 있을 것 같다는 생각을 합니다. 성경에 기초하지 않은 현대의 분석들이 그토록 얄팍하고 미비한 이유가 여기 있습니다.

　인간의 본성에 이런 불안이 있다는 것은 무엇을 의미할까요? 인간이 이처럼 자신에게 없는 무언가, 찾을 수 없을 것 같은 무언가를 계속 찾아 헤맨다는 것은 무엇을 의미할까요? 이런 불안과 탐색의 기저에 자리잡고 있는 것이 무엇일까요? 합당한 대답은 한 가지뿐입니다. 인간은 원래 더 크고 높은 것을 위해 존재한다는 느낌이 모두의 마음속에 있는 것입니다. 원래 모습에 대한 기억과 추억이 있는 것입니다. 우리는 아담 안에 있었습니다. 인간은 하나님의 형

* 윌리엄 워즈워스, '라오다미아Laodamia'

상대로 완벽하게 창조되었습니다. 아무 흠이 없었습니다. 의로웠습니다. 몸에도 영광이 있었습니다. 그것을 잃는 바람에 한 번도 경험해 보지는 못했지만, 그 기억은 어렴풋이 아른거리는 것입니다. 인간의 본성 자체에 남아 있는 것입니다. 다른 무언가에 대한 느낌이 남아 있는 것입니다.

사람들은 성경 외에 다른 방식으로 그 느낌을 해석해 보려 했지만 실패했습니다. 플라톤Plato도 그중에 한 사람이었습니다. 워즈워스는 그의 생각을 빌려 다음과 같이 노래했습니다.

우리의 고향인 하나님에게서
영광의 구름을 끌고 온다.

워즈워스는 우리가 세상에 태어날 때까지만 해도 그 영광이 남아 있다고 생각했습니다. 그러나 자라면서 다음과 같이 된다고 보았습니다.

감옥의 그늘이
자라나는 소년을 뒤덮기 시작한다.
—윌리엄 워즈워스, '어린 시절을 회상하며 불멸을 깨닫는 노래
Ode: Intimations of Immortality from Recollections of Early Childhood'

태어날 때 지녔던 영광을 어찌 된 영문인지 잃고 만다는 것입니다.

그렇습니다. 사실 인간은 오래 전에 영광을 잃었습니다. 세상에 태어나기 전에 이미 잃었습니다. 그러나 그 기억은 남아 있습니다. 플라톤의 사상은 바로 이 추억, 인간은 원래 더 크고 높은 것을 위해 존재한다는 느낌, 그런데 무언가 박탈당했다는 내적인 느낌을 어떻게든 설명하고자 했던 데서 나온 것입니다. 우리는 원래 행복과 평화와 삶의 기쁨을 누려야 할 존재였는데 어찌 된 영문인지 빼앗기고 말았다는 생각이 누구에게나 있습니다. 그래서 내내 마음이 편치 않고 불안한 것이며, 자기 자신이나 남들과 더불어 살기가 힘든 것입니다.

창세기 앞부분은 이러한 상실감을 훌륭하게 설명해 주고 있습니다. 마치 그림처럼 보이지만 실화입니다. 두 번째 질문으로 넘어가기 전에, 개인적인 경험에 적용해서 생각해 볼까요? 무언가 빠져 나간 것처럼 느낀 적이 없습니까? 더 크고 위대한 것을 구하게 만드는 일종의 촉구 같은 것을 느낀 적이 없습니까? 인간은 결국 죽기 위해 태어난다는 말을 우리는 받아들이지 못합니다. 운명이 있을 것만 같고, 무언가 큰 것이 있을 것만 같고, 영광이 있을 것만 같습니다. 그런 생각을 떨쳐 버릴 수가 없습니다. 그런 생각에서 벗어날 수가 없습니다. 어떤 이들은 "완벽해지려는 진화의 큰 충동이 우리 속에 있기 때문"이라는 말로 설명하려 듭니다. 그러나 모든 사람이 무언가 잃어버린 듯한 기억과 추억을 가지고 있으며 상실감을 느끼고 있다는 점을 고려할 때, 그것은 적합한 설명이 못됩니다. 우리는 완벽해지려 하는 것이 아니라 잃어버린 무언가를 되찾으려 하는 것입니다.

이것이 첫 번째 요점입니다. 두 번째 요점을 서둘러 살펴봅시다. 이것은 첫 번째 요점에 필연적으로 뒤따르는 논리적 귀결입니다. 아담과 하와는 무언가 잃었다는 것을 깨달은 후, 스스로 그 문제를 해결하려 했습니다. 그래서 무화과나무 잎을 엮어 치마를 만들어 입었습니다. 무엇이라도 하지 않으면 견딜 수가 없었습니다. 맥없이 가만히 있을 수가 없었습니다. 그들은 "우리가 잃어버렸다는 걸 어떻게 감출까?" 하고 고민했습니다. 어떻게 해서든지 벗은 것을 가려 보려 했습니다. 3장 후반부는 그 시도가 얼마나 무모한 것이었는지, 그리고 하나님이 친히 준비하신 것은 무엇이었는지 알려 줍니다. 그러나 지금 우리가 다룰 요점은 그들이 즉각 자신들의 힘으로 이 상실을 해결하려 했다는 것입니다.

창세기 3장은 얼마나 놀라운 본문인지요! 삶을 제대로 이해하는 데 이 장이 얼마나 중요한지 알 것 같지 않습니까? 문명 전체가 이 한 장에 완벽하게 요약되어 있음을 모르겠습니까? 이른바 문명을 통해 사람들이 한 일이 무엇입니까? 무화과나무 잎을 엮어 벗은 몸을 가린 것입니다. 이것이 우리가 말하는 '문명'의 정확한 의미입니다.

사람들이 어떤 방식으로 벗은 몸을 가리는지 보십시오. 첫 번째는 문화적인 면에서 노력하는 것입니다. 그들은 말합니다. "우리가 잃어버린 것은 당연히 지식이다. 잃어버린 명철을 찾을 수 있는 곳이 어딘가에 분명히 있을 것이다. 삶은 수수께끼이자 풀어야 할 문제다. 사물은 상호 모순되는 듯 보인다. 인간 자체가 모순덩어리다. 우리는 이것을 해결해야 한다." 그래서 다양한 문화 사상에 호소하며, 특히 지식에 호소합니다. 지식을 갈망하며 명철을 갈망합니다.

욥기는 이러한 추구에 대해 이야기하면서 "지혜의 값은 산호보다 귀하"다고 말합니다(28:18). 그러니 지혜를 찾고 지식을 구하라는 것입니다. 전도서도 같은 말을 하고 있습니다. 전도서에는 "해 아래" 있는 인간이 나옵니다(1:3). 그는 하나님과 관계가 끊어진 사람입니다. 그래서 인간의 지혜를 찾습니다. 그가 말하는 요지는 이것입니다. "인간을 알고 나 자신을 안다면, 내 존재와 마음이 어떻게 움직이는지 알고 내가 살고 있는 우주를 안다면 얼마나 좋을까……." 이것이 바로 철학이요, 철학이 추구하는 목적 아닙니까? 철학은 잃어버린 것을 찾아 채우려 합니다. 마땅히 이런 것을 알아야 한다고 생각하며, 더 열심히 노력하면 알 수 있으리라고 생각합니다. 지식이라는 수단으로 벗은 몸을 가리려 합니다.

사람들이 이처럼 직접적인 지식과 순수한 사상, 철학으로만 벗은 몸을 가리려 하는 것은 아닙니다. 역사 연구를 통해서도 같은 목적을 이루고자 하며 명철에 도달하고자 합니다. 또 예술을 사랑하고 음악 등에 몰두하면 어떻게든 다시 완전해지고 온전해지리라 생각하기도 합니다. 인간은 무언가를 잃어버렸습니다. 어떻게 그것을 되찾을까요? 그렇습니다. 인간은 이런 것들이 벗은 몸을 가려 주고 마침내 자신을 완전케 해 주기를 기대하고 있습니다. 이것은 여러분이 익히 알고 있는 모습입니다. 세상은 벗은 몸을 가리고 잃어버린 영광을 되찾고자 분주하게 움직이고 있습니다.

인간이 벗은 몸을 가리고자 시도하는 또 다른 방법은 당연히 정치입니다. 인간을 본질적으로 경제단위나 사회단위로만 보는 사람들은 정치적인 노력을 기울입니다. 인류는 법을 통해 어떤 식으로든 문제를 바로잡을 수 있다고 믿어 왔고 지금도 그렇게 믿고 있습니다. 그들은 말합니다. "우리는 결핍감과 부족감을 느끼고 있다. 그러니 이제 힘을 합쳐 조직을 만들자." 바로 이것이 정치행위이고 정치철학입니다. 이 또한 무화과나무 잎을 엮어 벗은 몸을 가리고 인간의 삶을 온전하고 완전하게 완성시키려는 시도이며 박탈감을 해소하려는 시도입니다. 온전하고 완전한 삶을 살 권리가 인간에게 있다는 느낌 때문에 정치를 통해 그 권리를 되찾으려 하는 것입니다.

특이한 점은 하나님께 불순종하고 그를 반역하다가 완벽한 상태에서 추락한 인간이 종교까지 동원하여 그 상태로 돌아가고자 한다는 것입니다. 세상의 모든 종교, 이른바 큰 종교들은 아담과 하와가 예전에 했던 일을 그대로 답습하고 있습니다. 여전히 자신들의 힘으로 의문에 답하려 하며 간극을 메우려 하는 것입니다. 현대 사상가들 중에서 아주 흥미로운 예를 들어 보겠습니다.

올더스 헉슬리Aldous Huxley라는 명석한 인물을 보기 바랍니다. 명석한 작가이자 사상가였던 헉슬리는 수년 전까지만 해도 순수한 사상을 통해 문제를 해결할 수 있으며 완전한 상태에 도달할 수 있다고 믿었습니다. 그는 '인간이 할 일은 오직 생각하고 교육하며 상황을 논리적으로 풀어나가는 것'이라고 가르치는 학파의 지도급 인사로서, 인간이 과학적인 태도로 과학적인 삶을 산다면 모든 문제는 사라지고 해결될 것이며 모든 일이 잘 풀릴 것이라고 여러 책과 소설을 통해 주장했습니다.

그러나 이제는 더 이상 그렇게 말하지 않습니다. 그것이 해답이 못 됨을 깨달은 것입니다. 그렇다면 무엇이 해답일까요? 자, 지금 그가 세상을 구원할 유일한 해답으로 내세우는 것은 신비주의입니다. 그는 불교 신자가 되었습니다. 다시 말해서 인간이 순수하게 지적인 존재가 아니라는 사실, 영혼과 느낌과 감정을 가진 존재이고 스스로 생각하는 것보다 큰 존재이며 보이지 않는 것을 갈구하는 존재라는 사실을 인식한 것입니다. 그는 눈에 보이는 영역과 다른 영역 및 다른 차원이 있다고 하면서, 그것을 신비주의라고 불렀습니다. 즉, 우리에게 영향을 끼치는 영적인 영역이 있다는 것입니다. 그 영역과 조화를 이루며 그 영향을 따르기만 하면 참으로 행복해질 수 있고 잃어버린 무언가도 되찾을 수 있다는 것입니다. 이처럼 헉슬리는 신비주의의 길, 신비주의의 경로를 따르고 있습니다. 종교로 귀의한 것입니다.

이것은 어느 시대에나 있었던 일입니다. 사람들은 살아 계신 참하나님, 유일하신 하나님을 외면한 채 스스로 신을 만들었고, 자신들의 종교를 만들었습니다. 자신들이 떠난 하나님께로 돌아가는 일만 빼고 모든 것을 시도했습니다. 무화과나무 잎을 엮어 벗은 몸을 가리는 과정을 쉬지 않고 반복했습니다. 그러나 그것은 엉뚱한 행동이고 우스운 행동이며, 어설픈 행동입니다. 정말 어리석지 않습니까? 실소가 절로 나오지 않습니까?

그러나 알다시피 사람들은 여전히 이 점을 인정하지 않고 있습니다. 여전히 기독교를 조롱하면서, 지금까지 그토록 여러 차례 어리석은 것으로 판명된 방법들을 의지하고 있습니다. 스스로 벗은 몸을 가리기 위해 애쓰고 있습니다. 필요한데 찾을 수 없는 무언가를 찾기 위해, 결핍감과 상실감을 메우기 위해 애쓰고 있습니다.

이것은 세 번째 요점, 본문에서 유달리 눈에 띄는 요점으로 연결됩니다. 그것은 인간이 죄책감과 두려움을 느낀다는 것입니다. "아담과 그의 아내가 여호와 하나님의 낯을 피하여 동산 나무 사이에 숨은지라"(창 3:8). 알다시피 두 사람은 "너희가 결코 죽지 아니하리라"라는 마귀의 말을 액면 그대로 받아들였습니다. 마귀는 "겁낼 필요 없어. 머리를 써서 너희 권리만 주장하면 돼. 당당하게 너희 생각을 얘기하라고. 하나도 무서워할 거 없다니까"라고 했습니다. 그런데 막상 하나님의 소리가 들리자 도망쳐 숨지 않을 수 없었습니다. 왜 그랬을까요? 두려움과 죄책감과 수치심이 몰려왔기 때문입니다.

성경은 우리도 마찬가지라고 말합니다. 사람들이 이런 말을 싫어한다는 것을 저도 압니다. 그럼에도 이것은 피할 수 없는 명백한 사실입니다. 우리는 우리 자신이 운명의 주인이자 영혼의 선장이라는 말, 더 이상 공포와 두려움에 지배당하지 않는다는 말, 우리의 인생관은 완전히 합리적이고 과학적이라는 말을 좋아합니다.

자기가 원하는 일, 가치 있다고 믿는 일을 하면 어떤 것도 겁낼 필요가 없다는 말을 좋아합니다. 이론적으로 생각하거나 글을 읽을 때는 얼마든지 그렇게 할 수 있을 것 같습니다. 오, 그러나 아담과 하와처럼 실제로 경험하면 절대 그렇게 할 수가 없습니다. 오늘날 인류의 전적인 비극이 바로 이 모순에 있습니다. 입으로는 무섭지 않다고 하지만 실제로는 무서워 벌벌 떠는 것입니다. 입으로는 죄도 믿지 않고 하나님도 믿지 않는다고 하지만 실제로는 정죄감에 시달리는 것입니다. 자기를 고소하고 정죄하는 마음의 소리를 듣는 것입니다. 수치심에 사로잡히는 것입니다. 마음이 편치 않은 것입니다.

어떤 행동을 해 놓고 '이건 잘못이 아니야'라고 생각한 적이 있을 것입니다. 유혹이 왔을 때 '괜찮아. 지금이 빅토리아 시대 중엽도 아닌데, 뭐. 뻔한 종교적 협박에 겁먹을 필요 없어. 주눅 들 필요 없다고. 이래 뵈도 난 과학적인 사고를 하는 사람이야. 어차피 내 속에 있는 자질이나 능력은 쓰라고 있는 거니까 써도 상관없어'라고 생각한 적이 있을 것입니다. 그러면서 원하는 대로 했는데, 다음날 아침 눈을 뜨자마자 수치심과 정죄감이 몰려오면서 양심이 괴로워집니다. 그 때문에 교회에 나가기도 합니다. 이럴 때 여러분의 마음은 심히 불편하고 부대낍니다.

모든 행동에는 항상 반작용이 따르게 마련입니다. 훔친 열매가 생각만큼 맛있지 않습니다. 먹고 난 후에 일종의 영적 소화불량이 생깁니다. 무슨 수를 써도 얹힌 것이 내려가지 않습니다. 매번 쑥

쑥 내려가면 굳이 심리학자까지 찾을 필요가 없을 것입니다. 스스로 용감하고 대단한 사람인 척하지만 속으로는 '난 비열한 겁쟁이에 멍청이야. 더럽고 추한 짐승이야. 아니 짐승만도 못한 인간이야' 라고 생각하기 때문에 심리학자들을 찾는 이들이 그토록 많은 것입니다. 우리는 양심의 가책에서 벗어나지 못합니다. 그래서 잠도 제대로 자지 못합니다. 마음의 소리가 영 잦아들지 않습니다. 그 소리만 잦아들면 좋겠는데, 잦아들지가 않습니다. 우리는 괴로워하며 콤플렉스―죄라고 하지 않고 꼭 콤플렉스라고 합니다―에 시달립니다. 그러면서도 자신이 느끼는 두려움과 수치심과 긴장과 압력을 인정하지 않습니다. 그러나 이것이 엄연한 현실 아닙니까? 심리학적인 설명으로 얼버무리며 넘어가고 싶어도 그럴 수가 없습니다. 이것은 우리 앞에 있는 엄연한 현실입니다. 우리 내면의 현실이요 우리와 관련된 현실입니다. 하나님과 그분께 속한 모든 것을 무시해 버리고 싶지만 그럴 수가 없습니다. 인간은 누구나 하나님을 인식하며 심판을 인식하는 감각을 가지고 태어나기 때문입니다.

하나님을 믿지 않는다고 말하고 싶으면 그렇게 하십시오. 그래도 하나님에 대한 감각이 있기 때문에 속에서 논쟁이 일어나는 것까지 막을 수는 없습니다. 여러분은 자신의 주장을 옹호하기 위해 온갖 지적 논거를 제시합니다. 자신은 하나님을 믿지 않는다고, 하나님이 없다는 것을 과학적으로 증명할 수 있다고 주장합니다. 그런데 속에 있는 무언가가 그 불신앙에 반대하면서 하나님은 분명히 있다고 장담합니다. 여러분은 하나님을 옹호하는 그 소리를 잠재우기 위해 열변을 토합니다. 그 소리는 누구에게나 있습니다. 하나님을 인식하는 보편적인 감각은 누구에게나 있습니다. 아무리 원시적인 부족이나 종족이라도 하나님을 인식하며 심판을 인식하는 감각은 가지고 있습니다.

그뿐 아니라 인간은 죽음에 대한 두려움도 가지고 있습니다. 너무 노골적으로 말하는 것 같습니까?

"아, 하지만 현대인은 죽음을 두려워하지 않아요"라고 말하는 이가 있을지도 모르겠습니다. 과연 그럴까요? 그렇다면 왜 그렇게 한사코 죽음에 대해 이야기하기를 피하는 것입니까? 죽음을 일깨우는 일을 병적인 행태로 여기는 것입니까? 현대는 분명 죽음에 공포를 느끼고 있습니다. 어떤 의미에서 죽음의 두려움에 조종당하고 있다고도 할 수 있습니다. 성경은 우리가 "죽기를 무서워하므로 한평생 매여 종노릇" 한다고 말합니다(히 2:15).

윌리엄 셰익스피어William Shakespeare의 위대한 진술을 예로 들어 보겠습니다. 그는 햄릿의 대사를 통해 이 딜레마를 단번에 표현해 냈습니다.

존재할 것이냐 말 것이냐, 그것이 문제로다.
난폭한 운명의 돌팔매와 화살을 맞는 편이 더 고귀할까,
무기를 들고 고통의 바다에 맞서 싸우는 편이 더 고귀할까.

이것은 모든 사람이 당면하고 있는 문제입니다. 삶이 이처럼 온갖

모순과 문제와 고통과 어려움과 실망과 슬픔으로 가득 차 있는데도 과연 계속 살아야만 할까요? 그런 삶을 계속 살아야 하는 이유가 무엇입니까?

얼마 전에 한 명석한 젊은 의원이 바로 이 벽에 부딪쳐 유서를 쓰고 자살해 버렸습니다. 그는 전도유망한 정치인으로서, 계속 이렇게만 나가면 수상의 자리까지 넘볼 수 있음을 잘 알고 있었습니다. 그런데도 다음과 같은 이유로 그 가능성을 내던져 버렸습니다. "계속 이 목표를 가지고 살면 적이 많이 생길 것을 잘 안다. 나는 그런 적을 만들고 싶지 않다. 하지만 내가 성공하면 나를 질투하고 싫어하는 적들이 생길 것이고, 실망스러운 일들과 그 밖의 온갖 일들을 겪게 될 것이다." 그는 "과연 그럴 가치가 있을까?" 하고 물었습니다. 그리고 그럴 가치가 없다는 결론을 내렸습니다.

그러나 이 의원은 예외적인 사람입니다. 셰익스피어가 상기시키듯이 평범한 사람은 그렇게 하지 않습니다. 햄릿은 독백의 마지막 부분에서 "단검 한 자루"만 있으면 모든 것을 끝낼 수 있다고 말합니다. 한순간에 모든 고민을 끝낼 수 있다는 것입니다. 그런데 왜 끝내지 않았을까요? 햄릿이 밝히는 이유는 다음과 같습니다.

누가 이 짐을 짊어진 채
푸념하고 땀 흘리며 피곤한 삶을 살고 싶겠는가?
그러나 어떤 나그네도 다시 경계를 넘어 돌아오지 못한
미지의 나라, 그 죽음 이후가 두려워 의지가 흔들리는 것이고,

자기가 알지 못하는 또 다른 불행을 찾아가느니

차라리 현재의 불행을 견디기로 하는 것이다.

이처럼 깨달음은 우리를 비겁자로 만들고,

애초의 결심은 생각의 창백한 기운에 덮여 빛이 바랜다.

—햄릿 3막 1장

정말 그렇지 않습니까? 아무리 지적인 사람도, 합리적이고 침착하며 냉정하고 차분한 사람도 하나님에 대한 감각과 죄책감, 수치심, 심판에 대한 감각, 죽음과 그 너머에 대한 감각을 떨쳐내지 못합니다.

너는 흙이니 흙으로 돌아가라는 것은

영혼에 대한 말씀이 아니었다.

—롱펠로우Henry Wadsworth Longfellow, '인생찬가A Psalm of Life'

이것이 영혼에 대한 말씀이라면 저도 단검 한 자루로 모든 것을 끝내 버리겠습니다. 그러나 이것은 영혼에 대한 말씀이 아닙니다. 영혼은 계속 존재합니다. 그 감각이 있기 때문에 셰익스피어의 말처럼 모든 것을 끝내 버리겠다는 의지가 꺾이는 것입니다. 우리는 계속 살아갑니다. 그러나 두려움은 남아 있습니다. 우리는 그 두려움에서 도망칠 수 없습니다. 죄책감과 수치심과 온갖 괴로움과 회한과 자학이 계속되고 또 계속됩니다. 태초에 일어난 이 일이 그 후 계속 이어지고 있습니다.

마지막으로 우리가 여기에서 보는 것은, 죄에 빠진 인간의 말할 수 없는 어리석음입니다. 괴롭고 비참하고 불행한 인간은 하나님을 피해 숨어 버립니다. "아담과 그의 아내가 여호와 하나님의 낯을 피하여 동산 나무 사이에 숨은지라."

이것은 모든 인간의 가장 슬프고도 비극적인 모습입니다. 그들은 하나님을 피해 도망치는 것입니다. 그토록 부끄럽고 비참하고 불행하면서도, 바람이 불 때 동산으로 찾아와 자신을 부르시는 하나님의 소리를 피해 도망치는 것입니다.

왜 도망칠까요? 그렇습니다. 하나님을 모르기 때문입니다. 하나님에 대한 거짓말을 믿었기 때문이고, 하나님을 완전히 오해했기 때문입니다. 자신이 반역하고 침을 뱉은 그분이야말로 자신을 구원해 주실 수 있는 유일한 분, 기꺼이 구원하고자 하시는 유일한 분임을 모르기 때문입니다. 이것이 비극입니다. 인간은 수치와 실패와 극심한 절망에 빠져 있습니다. 그런데도 자신을 찾아오시는 하나님을 피해 숨어 버립니다. 유일하게 은혜를 베풀어 주실 분, 유일하게 구원해 주실 분을 피해 도망쳐 버립니다.

이것이 세상의 비극입니다. 죄에 빠진 불행한 인간은 하나님이 알려 주신 방법만 빼고 모든 방법을 시도해 봅니다. 처음부터 제가 지적하지 않았습니까? 인간은 하나님의 소리, 하나님의 말씀에서 출발했습니다. 하나님의 형상대로 지음 받았습니다. 인간은 하나님께 말씀드렸고 하나님은 인간에게 말씀하셨습니다. 그런데 다른 소리에 귀를 기울이면서 하나님의 소리를 더 이상 듣지 않게 되었고, 그 결과 온갖 문제가 생겨나게 되었습니다. 하나님은 인간을 찾아와 다시 말씀하셨지만, 인간은 듣지 않았습니다. 오히려 겁을 내며 도망쳐 버렸습니다. 이 일은 오늘날도 반복되고 있습니다.

제가 지금 설교자로서 하고 있는 일이 무엇일까요? 보잘것없는 사람이 정말 놀라운 특권을 행사하고 있습니다. 저는 지금 하나님을 대변하고 있습니다. 사랑하는 여러분, 죄에 빠진 여러분에게 하나님의 소리를 전하고 있는 것입니다. 선선하게 바람 부는 저녁에 찾아오시는 하나님의 소리가 지금 우리 귀에 들리고 있습니다. 이 소리가 무섭습니까? 그래서 저항하고 있습니까? 어떤 모양, 어떤 형태로든 피해서 도망치고 있습니까? 하나님이 여러분을 대적하시는 것 같습니까? 그래서 그의 메시지를 거역하고 있습니까? 어떻게든 논박해서 밀어내려 하고 있습니까? 그 메시지를 들었다가 어떻게 될지 몰라 겁이 납니까? 그렇다면 여러분은 아담과 하와의 전철을 그대로 밟고 있는 것입니다. 하나님은 그들이 반역했는데도 "반역은 벌하되 구원과 해방의 길은 열어 주겠다"라고 말씀하시려고 동산으로 찾아오셨습니다. 바로 이것이 그들을 찾아오신 이유였습니다. 책망만 하고 심판만 하기 위해 오신 것이 아니라, 그들을 오도하여 넘어뜨린 원수를 정복할 여자의 후손을 보내 주마 약속하려고 오신 것입니다.

복음 메시지, 제가 전하는 메시지가 바로 이것입니다. 예수 그리스도와 그가 십자가에 못 박히신 일 외에 여러분의 필요를 채워 줄 사람이나 일은 어디에도 없습니다. 여러분은 자신에게 불안과 갈증과 허기가 있다는 사실, 찾을 수 없는 것을 찾고 싶어 하는 갈망이 있다는 사실을 압니다. 그렇게 여러분이 찾는 무언가가 과연 무엇일까요? 여러분에게 필요한 것이 정말 무엇일까요? 아우구스티누스Augustine의 위대한 말로 대답해 보겠습니다. "주를 위해 우리를 만드셨으니, 주 안에서 쉬기까지 우리 영혼은 쉬지 못하나이다."

사랑하는 여러분, 여러분은 하나님의 수준에 맞추어 지음 받았습니다. 전능하시고 영원하신 하나님께 미치지 못하는 사람은 그 누구도 여러분을 만족시킬 수 없습니다. 하나님은 예수 그리스도 안에서 여러분을 만족시키십니다. 여러분을 되찾으십니다. 그러면 제가 말한 부차적인 문제들도 전부 해결될 것입니다. 스스로 해결하려 들지 마십시오. 스스로 구원하려 들지 마십시오. 스스로 죄책감을 떨치려 하지 마십시오. 절대 떨칠 수 없습니다. 양심이 계속 쫓아옵니다. 살았을 때뿐 아니라 죽은 후까지 쫓아옵니다. 지옥에서 영원히 여러분을 괴롭힙니다. 여러분은 양심의 소리를 잠재울 수 없습니다. 실패감을 떨쳐 낼 수 없으며, 죄책감과 수치심을 떨쳐 낼 수 없습니다. 오직 예수 그리스도께 나아가야 합니다. 나아가서 그가 여러분의 죄책을 담당하셨으며 여러분의 죄 때문에 죽으셨다는 말씀을 들어야 합니다. 십자가에서 여러분의 죄를 다 벌하셨기에 값없이 용서해 주신다는 말씀을 들어야 합니다. 바로 이것을 위해, 오직 이것을 위해 예수 그리스도가 갈보리 언덕에서 못 박히신 것입니다.

그리스도가 하신 이 일 때문에 그를 믿는 사람에게는 하나님의 진노가 머물지 않습니다. 하나님은 여러분을 값없이 용서했고 모든 죄를 씻었노라고 확언하십니다. 죄책감과 수치심도 씻어 주십니다. 여러분도 스스로 용서받았음을 깨닫습니다. 하나님의 자녀가 되었음을 깨닫습니다. 새로운 힘과 능력이 생깁니다. 새로운 지각이 생깁니다. 새로운 통찰력이 생깁니다. 사물이 다르게 보이기 시작합니다. 생각이 달라지기 시작합니다. 삶을 바라보는 시각, 죽음을 바라보는 시각, 심판을 바라보는 시각, 영원을 바라보는 시각, 하나님을 바라보는 시각이 완전히 달라집니다. 더 이상 울면서 그를 피해 숨거나 그가 자신을 대적하신다고 느끼지 않습니다. 오히려 세상 그 어떤 것보다 하나님의 소리가 들리기를 간절히 바라게 되며, 다음과 같이 고백하게 됩니다.

구하오니 말씀해 주소서, 온유하신 예수여,

오, 당신 말씀 얼마나 감미로운지,

요동치는 제 영혼에

세상이 못 주는 평안을 불어넣나이다.

마음을 홀는 세상의 모든 음성,

유혹하는 악한 소리도

부드러운 말씀의 선율에

복종하여 잠잠해지나이다.

ㅡ윌리엄 윌리엄스William Williams

사랑하는 여러분, 여러분에게 말씀하시는 하나님의 소리를 듣고 있습니까? 그는 **계속** 말씀하시면서 여러분의 실패와 고통과 불행과 비참을 보여 주시고 그 원인을 보여 주십니다. 다른 방법으로는 거기에서 벗어날 수 없다는 것, 여러분을 사랑하여 목숨까지 내놓으신 독생자 안에만 길이 있음을 알려 주십니다. 이제 숨은 곳에서 나오십시오. 하나님께 나아가십시오. 그분께 달려가십시오. 그 발 아래 엎드리십시오. "제가 믿습니다"라고 아뢰십시오.

이 모습 그대로……
갈등과 의심 많은 모습 그대로 나아갑니다.

저는 다 이해하지 못하지만 다른 것으로는 구원받을 수 없사오니,
오, 하나님의 어린양이시여, 주께로 제가 갑니다, 주께로 제가 갑니다.
─샬럿 엘리엇Charlotte Elliott[*]

이렇게 아뢰면 미소로 영접해 주실 것이며, 그가 영접하셨음을 깨닫게 해 주실 것입니다. 남은 평생 동안 축복하시고, 죽는 순간에도 축복하시며, 죽은 후에도 영광 가운데 맞아 주실 것입니다.

[*] 찬송가 399장 참조.

네가 어디 있느냐 4

여호와 하나님이 아담을 부르시며 그에게 이르시되 네가 어디 있느냐?

창세기 3:9

9절 말씀의 의미를 이해하려면 큰 맥락을 다시 살펴보아야 합니다. 창세기 3장은 성경 전체에서 가장 중요한 장에 속한다는 사실을 다시 상기시키고 싶습니다. 세상 역사뿐 아니라 구원의 주요 윤곽이 전부 나와 있다는 점에서 그렇습니다. 3장에는 그 모든 내용이 집약되어 있습니다.

'성경이 아주 흥미로운 옛날 책인 것은 맞지만 현대세계와는 아무 관계가 없다'라는 딱하고도 우스운 입장—순전한 무지에 근거한 입장—을 취하는 사람들이 많습니다. 그러나 설교의 본질적인 핵심은 현대의 삶을 다루는 데 있습니다. 이것이 성경의 진정한 관심사입니다. 성경은 삶을 다루고 영혼을 다루는 책이기 때문에 시대에 구애받지 않습니다. 하나님이 주신 이 성경은 자기 자신과 다른 사람을 보는 눈을 열어 주며, 우리가 안고 있는 문제의 원인을 밝혀 주고, 우리 주와 구주 되신 예수 그리스도 안에서 값없이 주시는 이 방법 외에 다른 방법으로 문제를 해결하려는 모든 시도는 순전한 힘의 낭비임을 보여 줍니다.

성경 역사를 모르면 온 세상과 각 사람이 이 지경이 된 이유를 알 수가 없습니다. 다른 방법으로는 도무지 설명할 길이 없습니다. 물론 다른 대답들이 많이 나와 있고 그 내용도 익히 알려져 있기는 합니다. 그러나 그것들을 살피다 보면 결국 성경의 대답으로 돌아올 수밖에 없다는 것, 그중 다수를 시도해서 이미 실패했기에—그런 시도는 실패한다고, 틀림없이 실패하게 되어 있다고 성경은 처음부터 이야기합니다—결국 성경의 대답으로 돌아올 수밖에 없다는 것이 우리의 입장입니다. 성경은 경험으로 입증되는 메시지입니다. 수세기에 걸쳐 이미 입증된 메시지입니다. 성경의 주장은, 이 책이 과거에 진리였던 것처럼 오늘날도 진리이며 천 년, 2천 년, 3천 년 전 인간의 곤경에 관여했던 것처럼 오늘날도 관여한다는 것입니다.

이것이 성경의 전체적인 입장입니다. 저는 3장이 실제 역사를 기록하고 있을 뿐 아니라 각 사람의 실제 행동을 온전히 설명해 준다는 점을 애써 강조했습니다. 성경의 두드러진 특징이 바로 이것입니다. 그래서 성경에 역사 기록이 그렇게 많은 것입니다. 우리 각 사람은 태초의 행동을 반복하고 되풀이합니다. 전도서 기자가 "해 아래에는 새 것이 없"다고 한 이유가 여기 있습니다(1:9). 인간의 모습은 새로울 것이 전혀 없습니다.

오늘날 우리가 옛 사람들과 완전히 다르다고 생각하는 분들은 현재 런던과 그 밖의 지역에서 사람들이 하고 있는 짓을 죽 적어 보시기 바랍니다. 전부 구약시대 사람들이 했던 짓임을 발견할 것입니다. 형태는 좀 달라도 결국은 다 같은 짓입니다. 다를 바가 전혀 없습니다. 옛날에 했던 짓을 지금도 그대로 하고 있습니다. 그렇게 똑똑한 머리로 눈부신 발명품들을 내놓고 발전을 이루어 내도 참신한 죄는 만들 수가 없나 봅니다. 이 점에 대해 생각해 본 적이 있습니까? 지금 짓고 있는 죄는 다 옛날 사람들이 생각해 낸 죄들이요 행동으로 옮긴 죄들입니다. 성경에 따르면—지금까지의 세상 역사와 우리 자신의 경험이 이 가르침을 입증하고 있습니다—인간의 본질은 전혀 변하지 않았습니다. 창세기 3장에 나오는 모습이 오늘날 세상 사람들에게 그대로 나타나고 있습니다.

우리는 모든 문제의 진정한 원인은 하나라는 것, 즉 하나님에 대한 잘못된 태도에서 모든 문제가 뻗어 나왔다는 것을 살펴보았습니다. 특별히 그 잘못된 태도의 연원을 추적하고 분석하는 일에 시간을 들였습니다. 무엇보다 먼저 지적인 측면에서 살펴보았고, 다음 단계로 이 잘못된 태도가 몰고 온 몇 가지 결과—떨칠 수 없는 상실감과 결핍감, 죄책감과 수치심, 삶과 죽음에 대한 두려움—를 생각해 보았으며, 마지막으로 우리가 어떻게 하나님을 철저히 오해하여 그가 찾아오시는데도 피해서 도망쳐 버리는지 살펴보았습니다. 이처럼 자신을 고쳐 줄 유일한 치료책을 거부하는 것이야말로 인간의 궁극적인 비극이 아닐 수 없습니다.

성경의 이야기가 계속되니, 우리도 계속 살펴보도록 합시다. 우리는 인간이 어떤 짓을 하다가 타락했는지, 그 결과 어떤 모습이 되었는지 보았습니다. 혹시 여기에서 이야기가 끝나리라고 생각한 분들이 있을지도 모르겠습니다. 그러나 여기에서 끝나지 않습니다. 이야기는 계속되며, 계속되어야만 합니다. 그 계속되는 이야기가 성경 메시지의 중심을 차지하고 있습니다.

이처럼 이야기가 끝나지 않고 계속되는 이유가 무엇일까요? 자,

이 기록에 따르면, 세상은 하나님의 것—우리가 그 사실을 좋아하든 좋아하지 않든 상관없이—이기 때문입니다. 여러분은 하나님이 자신의 세상, 자신의 땅, 자신의 소유지에 오시는 것을 막을 수가 없습니다. 물론 우리는 그것이 싫습니다. 하나님에 대한 현대인들의 반감, 본능적인 반감의 전적인 본질이 여기 있습니다. 우리는 하나님을 치워 버렸다고 생각하고, 그와 관계가 끊어졌다고 생각합니다. 그렇게 하나님 없이 살며, 계속 그렇게 살기로 결심합니다. 그러나 창세기 3:8을 기억해야 합니다. "그들이 그날 바람이 불 때 동산에 거니시는 여호와 하나님의 소리를 듣고 아담과 그의 아내가 여호와 하나님의 낯을 피하여 동산 나무 사이에 숨은지라." 아담과 하와는 마치 이렇게 말하는 것 같습니다. "저기 나무 뒤에 숨으면 모르고 지나가실 거야. 그후에 나가면 별 탈 없겠지. 하나님 소리가 나면 또 숨으면 돼."

그러나 나무 앞도 나무 뒤도 하나님의 것입니다. 동산 전체가 하나님의 것입니다. 우주 전체가 하나님의 것입니다. 그렇기 때문에 이야기는 계속되어야만 합니다. 이것이 우리가 알고 배워야 할 첫 번째 원리입니다. 우리는 독립된 피조물이 아니며, 세상도 우리 것이 아닙니다. 우리는 세상에 명령할 수 없으며 세상에서 일어나는 일들을 결정할 수도 없습니다. 이것이 본문이 가르치는 첫 번째 큰 교훈입니다. 세상은 철두철미 하나님의 것입니다. 하나님이 세상을 만드셨습니다. 하나님이 세상의 주인입니다. 세상의 소유주입니다. 그가 세상을 다스리십니다. 통제하십니다. 인도하십니다.

개입하십니다. 찾아오십니다. 뚫고 들어오십니다. 세상은 언제나 그의 것입니다. 아담과 하와는 하나님과 관계를 끝냈다고 생각했지만 하나님은 동산으로 그들을 찾아오셨다는 것이 본문의 교훈입니다.

여기에서 상기시키듯이, 하나님은 계속 말씀하십니다. 이 점이 중요합니다. 본문이 처음부터 끝까지 보여 주는 것이 바로 이 점입니다. 하나님은 자기 형상대로 인간을 만드시고 그에게 말씀하셨습니다. 인간은 그 말씀을 들었으며 그 말씀에 응답했습니다. 그때 세상은 완벽했습니다. 낙원이었습니다. 인간은 창조된 의도대로 살았습니다. 하나님은 말씀하셨고 인간은 들었습니다. 인간이 경험할 수 있는 최고의 경험이 바로 하나님의 말씀을 듣는 것입니다. 그런데 어느 순간부터 인간은 듣지 않기로 했습니다. 더 이상 듣고 싶어 하지 않았습니다. 더 이상 말씀을 믿지 않았습니다. 그는 관계가 끝났다고 생각했습니다. 그런데도 하나님은 계속 말씀하셨습니다.

아담과 하와가 나무 뒤에 숨어 있을 때 하나님은 아담을 부르시며 "네가 어디 있느냐?" 하고 찾으셨습니다(창 3:9). 그 소리를 들은 두 사람은 외면할 수가 없었고, 숨은 데서 나오지 않을 수가 없었습니다.

"네가 어디 있느냐?"

하나님은 말씀하셨습니다. 오, 그렇습니다. 하나님은 말씀하십니다! 이것이 성경의 중대한 메시지입니다. 하나님은 여러 가지 방법으로 우리를 부르십니다. 양심을 통해 말씀하시고, 역사를 통해 말씀하시며, 사건을 통해 말씀하십니다. 이것을 모르면 역사를 이해할 수가 없습니다. 그 예는 수도 없이 많습니다. 이런 것을 제대로 설명해 주는 책은 하나님의 책밖에 없는 것이 분명합니다. 그뿐 아니라 하나님은 세상 역사 속에서도 무수히 많은 방법으로 말씀하십니다. 그런데 죄 때문에 귀가 멀어 듣지 못하는 것입니다.

하나님이 나무 뒤에 숨은 아담과 하와에게 말씀하셨을 때처럼 항상 귀에 들리는 소리로 말씀하시는 것은 아닙니다. 욥기에는 사람이 둔해졌을 때 가끔 꿈이나 밤의 환상으로 말씀하신다는 말이 나옵니다(4:13; 7:14). 하나님은 사건을 통해, 질병을 통해, 죽음을 통해 말씀하십니다. 그 중에서도 최고의 말씀은 바로 이 책, 우리에게 주신 이 '말씀'입니다. 또한 하나님은 무엇보다 아들을 통해 말씀하십니다. "옛적에 선지자들을 통하여 여러 부분과 여러 모양으로 우리 조상들에게 말씀하신 하나님이 이 모든 날 마지막에는 아들을 통하여 우리에게 말씀하셨으니"(히 1:1-2).

이번에는 하나님이 말씀하시는 방식을 집중적으로 살펴봅시다. 제가 볼 때 창세기 3:9부터 나오는 이야기가 바로 그것입니다.

제가 주목하는 첫 번째 요점은 하나님이 인격적으로 말씀하신다는 것입니다. "여호와 하나님이 아담을 부르시며 그에게 이르시되 네가 어디 있느냐?" "네가 어디 있느냐?" 이것은 인격적인 호출이었습니다. 우리가 처음부터 붙잡아야 할 진리가 이것입니다. 그러나 이 진리만큼 더디 깨닫는 진리가 없음을 우리는 경험으로 알고 있습니다. 지금 무슨 일이 벌어지고 있는지 알겠습니까? 창세기 3:9 이전에도 여러 가지 대화가 오갔던 것을 우리는 압니다. 그들은 하나님에 대해 이야기했습니다. "하나님이 참으로……하시더냐?"라는 마귀의 질문에 하와는 "하나님의 말씀에……하셨느니라"라고 대답했습니다. 이를테면 하나님에 대한 이야기를 주고받으면서 각자 의견을 밝힌 것입니다. 그런데 9절에서 갑자기 상황이 바뀝니다. 하나님이 나무 뒤에 숨어 있는 아담과 하와를 호출하시는 것입니다. 서로의 입장이 바뀌어 버립니다. 그리스도인이 되고자 할 때 가장 먼저 겪는 일이 바로 이것입니다. 하나님이 자기를 호출하신다는 사실을 깨닫는 것입니다. 다시 말해서 아담은 자신이 조사하는 입장에 있는 것이 아니라 오히려 조사당하는 입장에 있음을 깨달았습니다.

"아담아, 네가 어디 있느냐?"

여호와 하나님이 내려와 그를 보셨습니다. 그를 찾으셨습니다. 그의 형편과 처지를 조사하셨습니다. 조금 전까지만 해도 아담은 동산을 거닐고 있었습니다. 마귀의 제안을 들으면서 자기가 우월한 위치에 있다고 생각했습니다. 관찰자의 자리에서 자기 의견을 밝혔습니다. 그런데 이제 거꾸로 호출당하는 자리, 심문받고 조사받는 자리에 서게 된 것입니다.

제 의도는 아주 분명합니다. 종교나 기독교에 대해 토론할 때마다 발견하는 사실은 사람들이 조사자의 입장에서 말한다는 것입니다. 그들은 그 대단한 머리로 성경의 질문을 살펴보려 듭니다. 하나님을 조사하려 듭니다. 그만큼 자신들에게 능력이 있다는 것입니다. 하나님? 그들이 보기에는 하나님도 이를테면 책상 위에 올려놓고 해부하고 분석해야 할 일종의 견본에 불과합니다. 이처럼 현대인은 우주를 조사하고, 종교를 조사하며, 하나님을 조사합니다. 자기가 보좌에 앉아 있습니다. 자기가 재판석에 앉아 있습니다. 오, 그렇습니다. 인간은 이미 불교와 유교와 힌두교를 살펴보았습니다. 그러니 이제 기독교도 살펴보겠다는 것입니다. "어디 보자, 그리스도는 어떤가……."

제가 지금 과장하고 있습니까? 실제로 우리가 다 해 온 일 아닙니까? 인간은 자신이 조사자의 입장에 있는 듯 착각합니다. 그러다가 문득 자신이 오히려 검토의 대상이라는 사실, 자신의 실상이 부지중에 드러나고 있었다는 사실을 깨닫게 됩니다. 말을 많이 하면 할수록 자신의 실상도 그만큼 더 많이 드러나 검토당합니다.

한 가지 질문을 드리겠습니다. 여러분, 여러분은 자신이 지금 시험대에 올라 있다는 사실을 압니까? 여러분은 시험의 주체가 아니라 대상입니다. 한 위대한 인물의 말을 빌려 요약해 볼까요? 월터 스코트 경Sir Walter Scott은 그의 소설을 별 볼일 없다고 평가했던 한 사람에 대해 언급하면서, 그의 말은 저자인 스코트에 대해서는 거의 아무것도 알려 주지 못한 반면 그 말을 한 본인에 대해서는 엄청나게 많은 사실을 알려 주었다고 꼬집었습니다! 참으로 정확한 지적입니다. 하나님을 조사하려는 사람들에 대해서도 똑같은 지적을 할 수 있습니다. 우리는 스스로 조사자의 입장에 있는 것처럼 생각하기를 좋아합니다. 그런데 오히려 누군가 자신을 지켜보고 있고 호출하고 있으며 말하고 있다는 사실, 오히려 자신이 말을 들어야 할 입장에 있다는 사실을 깨우치는 사건이 일어납니다.

여러분, 여러분은 이 단계에 와 있습니까? 우리는 세상의 나그네로 일하는 사람들이지, 관중석에 앉아 남의 경기를 구경하는 사람들이 아니라는 것을 알고 있습니까? 이것이 바로 여러분의 문제라는 것, 삶의 매순간마다 여러분에 대해 판정이 내려지고 있다는 것, 여기에서 어떻게 하느냐에 따라 이 세상뿐 아니라 영원한 세상에서 일어날 일이 결정된다는 것을 알고 있습니까?

약간 달리 설명해 보겠습니다. 아담은 자신이 호출 대상일 뿐 아니라 연구 대상임을 깨달았습니다. 자신의 철학적인 입장과 생각과 사상만 조사 대상이 아니라 자기 자신이 조사 대상이었습니다. 우리도 마찬가지입니다. 기독교는 '어떤 의견을 가지고 있느냐'의 문제가 아닙니다. 앞서 지적했듯이, 하나님은 우리 의견을 묻기 위해 그렇게 여러 가지 방법으로 말씀하신 것이 아닙니다. 하나님의 관심은 우리 의견에 있지 않습니다. 우리 자신에게 있습니다. "지금 어디 있느냐? 내가 왔다. 아담아, 네가 어디 있느냐?" 하나님은 우리를 부르십니다.

그런데 우리는 얼마나 영리하게 피해 버립니까! 의견을 밝히거나 논쟁을 하라고 하면 마다치 않습니다. 우리는 기독교를 토론거리로 생각합니다. 그렇게 토론할 때 가장 먼저 다루는 문제가 무엇입니까? 아마도 하나님의 존재 여부일 것입니다. 그 문제를 다룬

후에 하는 말은 이것입니다. "물론 기적의 문제도 다루어야겠지요. 과연 기적이 가능할까요? 기적이 일어날 수 있을까요?" 이렇게 기적을 논하는 데 또 하룻저녁을 할애합니다. 기독교를 **논한다고** 할 때 하는 일이 다 이런 것 아닙니까? 우리는 이런 것을 기독교라고 생각합니다.

그 다음으로 다루는 것은 나사렛 예수의 문제, '예수는 한 인격에 두 본성을 지닌 신인神人'이라는 기독교의 주장입니다. 이 문제를 논하는 데 또 하룻저녁을 할애합니다. 이 문제를 한번 철저히 다루어 보자는 것입니다. 이런 일이 정말 가능하냐는 것입니다. 이런 일을 상상할 수가 있느냐는 것입니다.

그 다음에 다루는 문제는 예수의 갈보리 십자가 죽음과 '속죄' 교리—한 사람이 다른 이들을 위해 죽는 일, 그들을 대신하는 일 등—입니다. 이 문제를 다루어 보자는 것입니다. 과연 이것을 도덕적인 행동으로 볼 수 있느냐는 것입니다. 상상할 수 있는 일이냐는 것입니다. 일어날 수 있는 일이냐는 것입니다. 밤새 이 문제를 놓고 논쟁을 벌입니다.

그러면서 계속 자신들은 기독교를 논하고 있다고 생각합니다. 물론 우리가 아는 의미에서는 그 말이 맞습니다. 그러나 우리가 모르는 의미가 있습니다. 여러분, 허구헌날 이런 토론만 하다가는 무덤까지만 가는 것이 아니라 지옥까지도 갈 수 있습니다. 기독교가 일차적으로 논하는 대상은 사상이 아닙니다. **여러분 자신입니다.** "아담아, 어디 있느냐? 나는 너를 찾고 있다. 나는 너 개인에게 관심이 있다"는 것입니다.

그리스도인이 되려 할 때 가장 먼저 알아야 할 점이 바로 이것입니다. 전에는 한 번도 자신을 직시한 적이 없습니다. 늘 자신을 방어했고, 자신을 숨기려고 위장했습니다. 바로 이것이 여러 문제를 다루는 온갖 논쟁과 토론의 이면에 담긴 의미입니다. "저기 다가오고 있는 건 좀 인격적이어서 대하기가 힘들겠어. 그래, 나무 뒤로 숨어 버리자"라는 것입니다. 그래서 철학과 사상과 비교종교학과 난해한 질문이라는 나무 뒤로 숨는 것입니다. 거기 숨어서 모든 인격적인 접촉을 차단하는 것입니다. 그러나 하나님은 그 장애물을 헤치고 찾아오십니다.

여러분, 기독교는 지금 이 순간 한 인격으로 이 자리에 와 있는 여러분을 다룹니다. 여러분과 여러분의 삶, 여러분이 하는 일과 여러분이 가는 곳을 다룹니다. 아직도 기독교가 인격적으로 다가오지 않습니까?

다른 질문을 던져 볼까요? 여러분은 이렇게 인격성을 강조하는 것이 화가 납니까? 빅토리아 시대 수상이었던 멜버른 경Lord Melbourne은 "종교가 인격적인 것이 되기 시작하면 상황이 난감해진다"라는 말로 많은 현대인들의 생각을 대변했습니다.

"아담아, 네가 어디 있느냐?"

이것이 인격적인 문제임을 알겠습니까? 인격적으로 결단해야 할 문제임을 알겠습니까? 여러분이 인격적으로 하나님을 대면해야 함을 알겠습니까? 하나님이 여러분 앞에 계십니다. 하나님이 여러분을 호출하십니다. 여러분에게 말씀하십니다. 바로 **여러분에게**! 그의 일차적인 관심은 여러분의 사상이 아닌 여러분 자신에게 있습니다. 지금 세상을 통과하고 있는 여러분, 단 한 번의 기회를 부여받은 여러분에게 있습니다.

다음 단계는 무엇일까요? 자, 다음 단계는 우리의 실상과 처지를 똑바로 보여 주시는 것입니다. 하나님은 "아담아, 네가 **어디 있느냐**? 정확하게 어느 자리에 있느냐? 거기서 뭘 하고 있느냐?"라고 물으십니다. 다시 말해서 복음과 설교의 전적인 사명은 사람들이 현재 있는 자리, 사람들이 원래 있어야 할 자리를 똑바로 보여 주는 것입니다. 아담은 하나님이 이 낙원, 이 동산에 오실 때마다 기쁘게 맞이했습니다. 그가 오시기를 고대했고, 그가 오시면 기쁨으로 활짝 웃으며 달려가 맞이했습니다. 그런데 이제 처음으로 나무 뒤에 숨어 버린 것입니다. 하나님은 말씀하셨습니다. "어디 있느냐? 전에는 이러지 않았잖느냐? 대체 거기서 뭘 하고 있느냐? 어서 나오너라. 거기 숨지 마라. 네가 있을 자리는 거기가 아니라 여기다."

지금 하나님이 우리 각 사람에게 하시는 말씀도 이것입니다. "네가 어디 있느냐? 세상의 삶 속에서 어떤 자리에 있느냐?" 구체적으로 세분하여 묻겠습니다. 지적인 측면에서 여러분은 어디 있습니까? 생각의 측면에서 어디 있습니까? 여러분은 현실을 제대로 직시하고 있습니까? 더 간단하고 노골적이고 분명하게 물어 볼까요? 여러분은 오래 전부터 기독교를 거부했을 수 있습니다. 자, 그렇다면 제가 묻고 싶은 것은 한 가지입니다. 성경을 처음부터 끝까지 읽어 본 적이 있습니까? 제가 발견한 사실은, 기독교를 제대로 알지도 못하면서 쉽게 일축해 버리는 경향이 있다는 것입니다. 한 번도 제대로 알아보려는 수고를 하지 않습니다. 편견에 사로잡혀 그냥 일축해 버립니다. 성경을 전혀 읽지 않습니다. 신약성경조차 읽지 않습니다. 교회의 역사도 알지 못합니다. 그러면서 일축해 버리는 것입니다.

이것은 지적으로 부정직한 태도라고 말하고 싶습니다. 거듭 묻겠습니다. 정신적인 측면에서, 인생관과 사고의 전 과정이라는 측면에서 지금 여러분은 어디 있습니까? 이 모든 요소들을 고려하고 있습니까? 삶을 생각하면서 행동하며 움직이고 있습니까? 양심의 소리에 귀를 기울이고 있습니까? 여러분은 죽음을 정면으로 쳐다본 적이 있습니까? 죽음 이후를 생각해 본 적이 있습니까? 세상에서 가장 훌륭하고 위대한 인물들의 증언을 살펴본 적이 있습니까? 부흥의 역사를 읽어 본 적이 있습니까? 지적인 측면에서 지금 여러분은 어디 있습니까? 이 모든 요소들을 제대로 고려하고 있습니까?

말씀의 도전이 바로 이것입니다. 하나님은 우리가 지적인 나무들 뒤에 숨어 있는 것을 잘 아십니다. 그 예는 이미 많이 들었습니다. 그렇게 나무 뒤에 숨어 있으면 현실을 제대로 볼 수가 없습니다. 넓은 데로 나와 진실을 똑바로 보라고 성경은 권고합니다.

"아, 기독교는 눈물이나 짜는 종교인 줄 알았는데"라고 말하는 이들이 있을지도 모릅니다. 따져 보지도 않고 일축해 버리니까 그런 말을 하는 것입니다. 기독교는 합리적입니다. 무엇을 주장할 때에는 반드시 근거를 제시합니다. 논거를 제시합니다. 기독교는 하나님의 진리를 온전히 계시하며 다가옵니다. 이 점을 상세히 논하는 책들이 많이 있습니다. 예컨대 C. S. 루이스Lewis의 지력知力에 이의를 제기할 사람이 있겠습니까? 「예기치 못한 기쁨 *Surprised by Joy*」에는 이 영역에서 그가 직접 겪은 이야기가 나옵니다. 루이스 외에도 수없이 많은 예가 있습니다. 여러분, 기독교가 지적으로 부족하다고 말하는 것은 부정직한 태도입니다. 나무 뒤에 숨는 태도입니다. 넓은 데로 나와 상황을 똑바로 직시하고 시험해 보기를 거부하는 태도입니다. 이처럼 성경은 지적인 측면에서 우리가 어디 있는지 묻습니다.

마찬가지로, 아니 어쩌면 더 집요하게 성경이 우리에게 다가와 던지는 질문은 도덕적인 측면에서 우리가 어디 있느냐 하는 것입니다. 오, 도덕적인 의미에서 자기 모습을 직시하기보다는 철학과 이론을 논하는 편이 훨씬 더 쉽지 않습니까! 정숙이라는 측면에서 우리가 서 있는 자리는 어디입니까? 순결이라는 측면에서 우리가 서 있는 자리는 어디입니까? 정직이라는 측면에서 우리가 서 있는 자리는 어디입니까? 영적인 성결이라는 측면에서 우리가 서 있는 자리는 어디입니까? 삶과 생활 전반에서 우리가 서 있는 자리는 어디입니까? 이것이야말로 우리가 가장 먼저 생각해야 할 질문인 것이 분명합니다. 기적을 이해하기에 앞서 자기 자신부터 이해해야 하는 것입니다.

뻔히 알면서도 계속 잘못을 저지르는 이유가 무엇입니까? 그런 잘못을 즐기는 이유가 무엇입니까? 후회할 줄 알면서도 계속 그렇게 하는 이유가 무엇입니까? 왜 그런 짓을 하는 것입니까? 이것이 우리의 문제입니다. 인간이 당면한 본질적인 문제입니다. 추상적인 개념들에 대해 이러니저러니 대단한 의견들을 내놓는 일이 중요한 게 아니라 자기 자신을 아는 일이 중요한 것입니다.

"아담아, 네가 어디 있느냐?"

도덕적으로 지금 여러분은 어디 있습니까? 처음에 도덕적인 신망을 얻었습니까? 그런데 지금의 거래관계는 어떻습니까? 지금 여러분의 장부를 공개하면 어떨 것 같습니까? 여러분의 삶과 이력을 영상으로 보면 어떨 것 같습니까? 성경의 관심은 바로 여기 있습니다. 성경은 이에 대해 이야기하는 책입니다. 인격적이고 직접적인 책, 우리의 삶을 다루는 책입니다.

최고의 예를 들어 보겠습니다. 요한복음 4장에서 주님과 사마리아 여자가 만나는 장면을 보기 바랍니다. 주님이 지쳐서 우물가에 앉아 계시는데 사마리아 여자가 물을 길러 왔습니다. 두 사람은 곧바로 대화를 시작했습니다. 유대인과 사마리아인에 대해 이야기했고, 우물과 우물의 깊이, 우물을 판 야곱에 대해 이야기했습니다. 여자는 즐겁게 대화를 나누었고 아주 영리하게 논쟁을 이끌어 갔습니다. 하나님과 예배에 대해서도 이야기를 나누었습니다.

그런데 주님이 불쑥 말씀하셨습니다. "가서 네 남편을 불러 오라." 여자는 정직하게 털어놓지 않을 수 없었습니다. "나는 남편이 없나이다." 그러자 주님이 여자를 보시며 말씀하셨습니다. "네가 남편이 없다 하는 말이 옳도다. 너에게 남편 다섯이 있었고 지금 있는 자도 네 남편이 아니니 네 말이 참되도다"(요 4:16-18).

이것이 주 예수 그리스도가 사용하시는 방식입니다. 그는 이 말씀으로 무수한 질문에 대한 논쟁과 토론에 종지부를 찍으시고, 여자 자신에게 초점을 돌리셨습니다. 여자는 하나님과 예배에 대해 이야기했지만, 사실은 음란한 삶을 살고 있었습니다. 주님은 그 현실을 직시하게 하셨습니다. 요컨대 "나무 뒤에서 그만 나오너라. 여기 넓은 데로 나오너라. 나는 너에 대해 전부 알고 있다"라는 것입니다.

"아담아, 네가 어디 있느냐?"

이것은 하나님이 우리 모두에게 던지시는 질문입니다. 사랑하는 여러분, 여러분 자신과 여러분의 삶을 똑바로 보십시오. 자신이 뭘 하고 있는지, 어떤 사람인지, 어떤 생각을 좋아하고 어떤 상상을 즐기는지, 어떤 일을 하는지, 부끄러워하면서도 놓지 못하고 품고 있는 것이 무엇인지, 자신이 뻔히 알고 있는 그것이 무엇인지 보십시오. 여러분은 이런 것을 공개적으로 고백하고 싶어 하지 않습니다. 그런데 하나님은 바로 그 이야기를 하자고 하십니다. 이것이 기독교입니다. "아담아, 숨은 데서 그만 나오너라"라는 것입니다. 기독교의 관심이 무엇인지 분명하게 보이지 않습니까?

한 가지 예만 더 들어 봅시다. 구약성경에 나오는 유명한 다윗의 이야기를 보십시오. 그는 어느 날 유혹을 받았고 정욕에 사로잡혔습니다. 그래서 간음을 저질렀으며 그 사실을 은폐하기 위해 살인까지 저질렀습니다. 그러면서도 전혀 가책을 느끼지 않았습니다. 하나님은 그 일을 기뻐하시지 않았습니다. 그래서 종 나단을 보내서 말씀하셨습니다.

나단은 "오, 왕이시여, 이런 일이 있었습니다" 하면서 한 가지 수수께끼를 냈습니다. 자기 양이 많은데도 하나밖에 없는 남의 양을 빼앗은 사람의 이야기를 한 것입니다. 그 이야기를 들은 다윗은 분기가 충천하여 그런 사람은 반드시 벌해야 한다고 했습니다. 아무리 큰 벌을 주어도 부족하다고 했습니다.

그때 나단이 말을 멈추고 다윗을 쳐다보며 말했습니다. "당신이 그 사람이라." 그의 요지는 이것입니다. "다윗이여, 저는 지금 당신 이야기를 하고 있는 겁니다. 당신은 제가 불공평한 사례를 제시하며 일반적인 도덕의 문제를 꺼냈다고 생각했겠지요. 그러나 왕이시여, 저는 지금 바로 **당신** 이야기를 하고 있습니다"(삼하 12:1-7 참조).

"아담아, 네가 어디 있느냐?"

조사를 받아야 할 것은 여러분 자신과 여러분의 삶입니다. 여러분의 도덕적인 행동과 인격 전체입니다.

제가 강조할 다음 요점은 이것입니다. 하나님은 우리를 찾아와 인격적으로 말씀하시면서 우리가 저지른 일의 참된 본질과 성격을 깨우쳐 주십니다. 그는 말씀하십니다. "누가 너의 벗었음을 네게 알렸느냐? 내가 네게 먹지 말라 명한 그 나무 열매를 네가 먹었느냐?"(창 3:11) 하나님은 아담과 하와가 저지른 짓의 정확한 본질을 보여 주셨습니다. 단순히 열매를 따먹은 것이 문제가 아니었습니다. 하나님의 명령을 어기고 그 거룩한 법을 위반하여 반역을 저지른 것이 문제였습니다. 하나님은 바로 이 점을 깨우치셨습니다.

복음이 하는 일이 이것입니다. 죄를 명명백백히 밝히는 것입니다. 어떻게 밝힙니까? 자, 죄의 참된 본질을 가르침으로 밝힙니다. 방금 다룬 다윗의 사례를 다시 봅시다. 다윗은 진실을 알고 회개한 후 시편 51편을 썼습니다. 자신이 지은 죄를 고백하며 "내가 주께만 범죄하여 주의 목전에 악을 행하였"다고 말했습니다(4절). 그가 지은 죄의 무서운 점, 그 죄를 죄 되게 만든 점은 단순히 간음에 있었던 것이 아니라—물론 그것도 충분히 악한 일이었지만—하나님을 거스른 데 있었습니다. 그는 하나님의 법을 어겼습니다. 하나님께 반역했습니다. 우리가 보지 못하는 죄의 실체가 이것입니다. 우리는 죄와 허물의 범주는 기꺼이 인정하지만, 단순히 도덕규범이나 법을 위반한 정도로만 생각합니다. 그러나 사랑하는 여러분, 죄에는 그 이상의 의미가 있습니다.

여러분과 저는 하나님의 형상대로 지음 받은 존재입니다. 그에 합당하게 살도록 지음 받은 존재입니다. 하나님과 교통하고 그를 즐거워하며 살아야 하는 존재입니다. 의롭고 거룩하며 참되고 바르게 살아야 하는 존재입니다. 죄가 무엇입니까? 이러한 창조의 의도를 저버리는 것입니다. 문제는 우리가 죄를 특정 행동으로만 생각하는 데 있습니다. 그러나 정작 죄의 무서운 점은 하나님의 피조세계를 어지럽힌다는 것입니다. 죄는 하나님의 소유를 훔치는 것입니다. 하나님의 얼굴에 침을 뱉는 것입니다. 하나님의 영광에 합당치 않게 사는 것은 전부 심각한 죄입니다. 하나님은 아담에게 이 진실을 보여 주셨습니다. 하와에게도 보여 주셨습니다. 죄의 정죄 아래 있는 인간은 누구나 이 진실을 보아야 합니다.

마지막으로 드릴 질문은 이것입니다. 여러분은 지금 어디 있습니까? 여러분은 하나님을 알고 있습니까? 하나님을 사랑하고 있습니까? 하나님을 즐거워하고 있습니까? 하나님을 기쁘시게 하며 그의 영광과 존귀를 위해 사는 일에 가장 큰 관심을 쏟고 있습니까? 하나님은 이 목적을 위해 살지 않는 사람은 전부 더러운 죄인임을 깨우쳐 주십니다. 각인시켜 주십니다. 여러분은 하나님이 의도한 자리에서 이탈했습니다. 다른 데로 숨어 버렸습니다. 정로에서 벗어났습니다. 가서는 안 될 자리로 가 버렸습니다. 하나님의 법을 어기고 있으며 창조의 의도를 저버리고 있습니다. 하나님은 그 진실을 보여 주십니다.

현대세계가 정말 모르는 것이 이것 아닙니까? 많은 이들이 체면은 믿으면서 하나님은 믿지 않습니다. 그들은 무서운 죄인, 런던 빈민굴에 사는 사람들 못지않게 무서운 죄인입니다 죄는 다름 아닌 하나님을 거스르는 것입니다. 탕자는 아버지에게 말했습니다. "내가 하늘과 아버지께 죄를 지었사오니"(눅 15:21). 이것이 죄의 본질이자 우리 모두의 실상입니다.

이 점은 마지막 요점으로 연결됩니다. 하나님은 이처럼 우리를 찾아와 인격적인 이야기를 하실 뿐 아니라 심판을 알리심으로 회개케 하십니다. 하나님이 태초에 동산에서 하신 말씀을 기억할 것입니다. 하나님은 아담과 하와를 찾아와 숨어 있던 자리에서 불러내시고 그들의 실상과 죄를 보여 주신 후에 심판을 선언하셨습니다.

여러분, 심판 이야기가 마음에 들지 않는다면 유감입니다. 육에 속한 사람으로 심판을 좋아할 자는 아무도 없습니다. 그러나 좋아하든 좋아하지 않든 이것은 명백한 사실입니다. 하나님은 태초에 친히 심판하셨습니다. 숨어 있던 인간을 찾아내셨습니다. 하나님을 피할 수 있는 사람은 아무도 없습니다. 물론 다시는 교회에 다니지 않겠다고 말할 수 있지만, 그렇다고 하나님의 세상에서 걸어 나가거나 하나님의 목전에서 떠날 수 있는 것은 아닙니다. 덤불로 도망쳐 몸을 숨기고 못 보시리라 생각할지도 모릅니다. 그러나 하나님은 늘 그러셨듯이 그 숨은 자리에서 여러분을 불러 내실 것입니다. 그의 심판은 지금도 각 개인과 세상 역사에 나타나고 있습니다.

어떻게 나타납니까? 자, 하나님의 심판에는 현재의 심판과 미래의 심판이 있습니다. 현재의 심판은 죄의 결과로 즉시 나타나는 심판입니다. 그것이 무엇일까요? 하나님은 창세기 3장에서 뱀과 여자, 뱀의 후손과 여자의 후손이 영원히 싸울 것을 선언하셨습니다. 정말 그렇지 않습니까? 우리가 바로 이 싸움의 현장에 있지 않습니까? 이런 싸움을 경험하고 있지 않습니까? 신문과 광고판과 유흥업소와 길거리에서 우리를 꾀는 유혹—우리 속에 있는 가장 훌륭하고 고상하며 올바른 것에서 떠나도록 우리를 끌어당기며 꾀는 악—을 생각해 보십시오. 이렇게 뱀의 후손과 여자의 후손이 벌이는 싸움이 우리 삶과 생활의 모든 문제를 빚어 냅니다. 태어나는 바로 그 순간부터 싸움이 시작됩니다. 도덕을 사이에 놓고 전투가 벌어집니다. 순결을 사이에 놓고 전투가 벌어집니다. 정숙을 사이에 놓고 전투가 벌어집니다. 정직을 사이에 놓고 전투가 벌어집니다. 맹렬한 전투가 벌어집니다! 세상의 흐름은 우리를 주저앉힙니다. 그 흐름에 맞서 싸우며 그 흐름을 거스르기가 얼마나 힘든지 모릅니다. 이것이 하나님의 심판이 나타나고 있는 한 가지 증거입니다.

그러나 우리는 죄에 눈이 가려 이것이 죄에 대한 심판임을 알지 못합니다. 인간은 마귀의 말을 듣고 금지된 열매를 따먹으면 율법을 지킬 필요 없이 편하게 살 줄 알았습니다. 신이 되어 완전한 자유를 누리며 살 줄 알았습니다. 그런데 오히려 족쇄와 굴레에 매여 몸부림치는 신세가 되었습니다. 뱀의 후손도, 여자의 후손도 지옥 같은 세상의 삶과 하나님의 계획 사이에 벌어지는 이 끝없는 싸움에서 벗어날 수 없게 되었습니다. 우리는 모두 이것을 경험하고 있습니다.

그뿐 아니라 수고와 고통도 겪고 있습니다. "수고하고 자식을 낳"게 되었고, 아픔과 고통 속에 자식을 낳게 되었습니다(창 3:16). 이것은 실제 역사입니다. 실제 사실입니다. 여러분, 이 또한 하나님의 심판입니다. 죄와 반역에 선고된 심판의 일부입니다. 한 가정에 아이가 태어나는 것보다 더 큰 기쁨이 있습니까? 그러나 그 아이가 태어나기까지 얼마나 긴장하고 몸부림치며 고통하고 수고해야 하는지 생각해 보십시오. 이것은 다 죄가 몰고 온 결과입니다. 하나님에 대한 잘못된 태도가 몰고 온 결과입니다. 하나님께 대한 반역이 몰고 온 결과입니다. 인간이 법 집행을 자초했습니다. 그래서 이런 고통과 수고와 불행과 질병과 아픔과 문제들이 생겨난 것입니다.

그뿐 아니라 생존을 위한 투쟁―생계를 위한 노역, 매일의 밥벌이, 고된 일, 가시덤불과 엉겅퀴, 경쟁과 충돌―도 피할 수 없게 되었습니다. 가시덤불과 엉겅퀴가 그토록 무성히 자라나는 이유가 무엇입니까? 땅에서 밀이나 옥수수를 수확하기가 그토록 어려운 이유가 무엇입니까? 장애물들과 끝없이 싸워야 하는 이유가 무엇입니까? 이렇게 땀 흘리지 않으면 아무것도 얻을 수가 없습니다. 이 또한 죄에 대한 심판입니다. 인간은 타락 이후 내내 이 문제를 해결하고 극복하기 위해 애를 썼지만 성공하지 못했습니다. 계속 낙원으로 돌아가려 했지만 돌아가지 못했습니다. 하나님은 아담과 하와를 쫓아내신 후 두루 도는 불칼과 그룹을 세워 동산 입구를 지키게 하셨습니다. 인간은 문명을 통해 그 입구를 뚫어 보려 했습니다. 그러나 불칼에 가로막혔습니다. 어떤 의미에서 문명의 역사는 이 같은 도로徒勞의 역사요 실패의 역사라고 할 수 있습니다.

기독교를 믿지 않는 위대한 역사가들도 역사순환론을 이야기합니다. 계속 전진하는 것 같고 낙원에 거의 도달한 것 같은데, 다시 방향이 바뀌면서 원점으로 돌아와 버립니다. 문명은 이처럼 원을 그리며 계속 순환할 뿐, 앞으로 나아가지 못합니다. 종착점에 도달하지 못합니다. 최종목표에 이르지 못합니다. 그저 헛바퀴만 돌 뿐입니다. 제자리에서 돌고 또 돌 뿐입니다. 일어나서 성공하는가 싶으면 실패해서 넘어집니다. 왕조도, 제국도, 개인도 쇠락합니다. 예외가 없습니다. 이것은 전부 불칼과 그룹이 에덴동산 동쪽을 지키기 때문에 일어나는 일입니다. 인간은 아무리 노력해도 돌아가지 못합니다. 돌아가려야 돌아갈 수가 없습니다. 그것은 인간에게 허락되지 않은 일입니다. 인간은 죄의 심판을 받아 추방당했습니다. 그러나 이 모든 것은 현재의 심판에 불과합니다. 이것을 넘어서는 또 다른 심판이 있습니다.

"흙으로 돌아갈 것이니라"(창 3:19). 죽음, 육신의 죽음이 죄에 대한 심판으로 찾아왔습니다. 테니슨은 말합니다.

[인간은] 자신이 죽지 않는 존재로 지어졌다고 생각한다.
—'A.H.H.를 기념하여'

인간이 이렇게 생각하는 것은 원래 모습에 대한 기억이 일부 남아 있기 때문입니다. 그러나 이제는 필멸의 씨앗을 가지고 태어납니다. 태어나는 순간부터 이미 죽어가기 시작합니다 방금 전에 한 어린아이가 태어났다고 합시다. 어찌 되었든 한 사람이 이제 막 삶을 시작한 것입니다. 그러나 동시에 한 사람이 죽어가기 시작했다고 말할 수 있습니다. 첫 숨은 마지막 숨으로 이어지는 수많은 숨의 시작일 뿐입니다. 이것은 병적인 말이 아닙니다. 사실이 그렇습니다. 우리는 죽기 위해 태어납니다. 죽음이라는 피할 수 없는 종말이 다가옵니다. 그렇게 죽은 후에는 하나님을 대면해야 합니다.

사랑하는 여러분, 이 모든 사실을 직시해야 합니다. 그렇지 않으면 동산에 들어갈 수가 없습니다. 기독교는 눈물이나 짜는 종교가 아닙니다. 기발한 치료책도 아닙니다. 낙관적인 철학도 아닙니다. "어서 오세요. 밝고 힘차고 행복하게 첫걸음을 내디딥시다. 아무 문제 없습니다"라고 장담하는 영적인 시각도 아닙니다. 만약 기독교를 이런 것으로 생각했다면 완전히 잘못 생각한 것입니다. 하나님은 이것이 얼마나 잘못된 생각인지 보여 주십니다.

여러분이 어느 자리에 있는지 알고 있습니까? 여러분은 지금 어디 있습니까? 세상에서 몇 년이나 살았습니까? 앞으로 몇 년 더 살 것 같습니까? 그렇게 살면서 한 일이 무엇입니까? 이룬 일이 무엇입니까? 자신의 이력을 돌아볼 때 어떻습니까? 자랑스럽습니까? 무슨 성취가 있습니까? 내밀한 삶을 들여다보면 어떻습니까? 정신과 생각과 상상과 마음의 역사를 살펴보면 어떻습니까?

"아담아, 네가 어디 있느냐?"

남성들이여, 모든 영역에서 여러분은 어디 있습니까? 여성들이여, 여러분은 어디 있습니까? 숨은 데서 나와 현실을 직시하십시오. 반드시 그래야 합니다. 여러분은 하나님의 세계에서 살고 있는 하나님의 피조물입니다. 피하고 싶어도 피할 수가 없습니다. 도망치고 싶어도 도망칠 수가 없습니다. 하나님을 만나야 합니다. 살아 있을 때 그 말씀을 듣지 않으면 죽은 후에 들어야 합니다. 하나님이 영원한 세상에서 큰 심판의 보좌에 앉아 이름을 부르실 때, 그 앞에 나아가 자신의 죄에 대한 선고를 들어야 합니다.

그러나 이것이 전부는 아닙니다. 물론 지금까지 제가 한 말을 믿지 않는 사람은 이제부터 할 말도 듣지 않을 것입니다. 오직 절박한 사람만 그리스도께 나아오게 되어 있습니다. 스스로 의사가 필요한 병자임을 아는 사람만 나아오게 되어 있습니다. 감사하게도 우리에게는 치료해 줄 의사가 한 분 계십니다.

지금까지 저는 여러분에게 심판을 이야기했습니다. 그런데 하나님이 하신 말씀이 더 있습니다. 뱀의 후손과 여자의 후손은 전투를 벌일 것입니다. 그러나 결국은 여자의 후손이 뱀의 머리를 부수어 버릴 것입니다(창 3:15). 하나님이 숨은 데서 나오라고 부르시는 것은 단지 정죄하기 위해서만이 아니라, 그 정죄를 믿고 인정할 때 다시 낙원으로 돌아갈 길이 있음을 알려 주시기 위해서입니다. 하나님은 독생자를 여자의 후손으로 보내 주겠다고 하셨습니다. 그 독생자는 그룹과 불칼을 제치고 낙원으로 들어갈 길을 열어 주실 것입니다. 하나님의 아들 나사렛 예수는 자신을 믿고 바라는 자들이 받아야 할 죄의 심판을 대신 받으셨습니다. 그러므로 그를 믿는 자는 당당히 동산 입구를 지나 기쁨의 나라로 들어갈 수 있습니다. 그와 함께 들어가며 다음과 같이 말할 수 있습니다.

오늘 자비로 우리를 불러 죄 씻으라 하시나이다.
우리 허물 크고 이제껏 살아온 삶 형편없어도,

자비를 외면한 지 오래되었어도,

오, 그리스도여, 오늘 주의 피로 씻어 희게 하실 수 있나이다.

이 복음을 주신 하나님께 감사드리십시오.

모든 것이 우리를 대적하는 듯

절망으로 몰고 갈 때에도

한 문은 열려 있음을 아나이다.

한 귀는 우리 기도 듣고 계심을 아나이다.

—오스월드 앨런Oswald Allen

여러분에게 말씀하시는 하나님의 소리를 들었다면, 큰소리로 자비를 구하십시오. 결코 내치시지 않을 것입니다. "내게 오는 자는 내가 내쫓지 아니하리라"(요 6:37). 부끄럽고 비참하고 불행한 실패의 자리, 지금 숨어 있는 그 자리에서 나와 부르짖으십시오. 그가 구해 주실 것입니다.

참된 역사 歷史 5

내가 너로 여자와 원수가 되게 하고 네 후손도 여자의 후손과 원수가 되게 하리
니 여자의 후손은 네 머리를 상하게 할 것이요 너는 그의 발꿈치를 상하게 할 것
이니라 하시고.

창세기 3:15

제가 여러분과 함께 창세기 3장의 중차대한 메시지를 살펴보는 것은, 가끔 의도적으로 뒤로 물러나 크고 포괄적인 시각으로 성경 메시지를 바라보는 것이 유익하다고 생각하기 때문입니다. 성경을 시대에 뒤떨어진 책, 삶과 동떨어진 책으로 보면서, 자기가 겪고 있는 문제나 어려움의 현장과 무관하게 여기는 사람들이 오늘날 많이 있습니다. 그러나 사실은 정반대임을 밝히고자 저는 애를 썼습니다. 성경처럼 우리가 있는 현장, 곤경의 현장 속으로 찾아오는 책은 어디에도 없습니다. 달리 말해 보겠습니다. 지금 각 사람의 삶을 올바르게 이해하려면 무엇보다 창세기 3장이 있어야 합니다.

우리 앞에는 많은 문제가 산적해 있습니다. 각자 개인적으로 필요한 것들도 있습니다. 완전히 행복한 사람은 아무도 없습니다. 다 어딘가 어그러진 데가 있습니다. 우리는 비참하다는 것이 무엇인지 알고 있습니다. 패배감이 어떤 것인지도 알고 있습니다. 우리는 우리에게 없는 무언가를 찾아 헤맵니다. 대체 그 이유가 무엇일까요? 이것은 이론의 문제가 아닙니다. 전쟁과 폭동, 예측불가능한 일들과 실망스러운 일들이 일어나는 이유가 무엇입니까? 대체 어쩌다가 세상이 이 지경이 된 것입니까?

저는 두 가지 대답이 가능하다는 점을 밝히고자 했습니다. 이 책 성경의 가르침을 받아들이든지 거부하든지 해야 한다고 했습니다. 제가 성경의 대답 외에 다른 대답들을 전부 두 번째 범주에 포함시킨 것은 성경적이지 않다는 점에서 다 똑같기 때문입니다. 이 점이 중요합니다. 성경 메시지는 삶과 사람을 다루며, 우리의 문제와 근심을 다룹니다. 가르침만 기록하지 않고 역사歷史까지 기록한 이유가 여기 있습니다. 성경은 각 나라와 그 나라들이 겪은 일들뿐 아니라 각 개인과 그 개인들이 겪은 일들을 이야기해 줍니다. 세상에서 가장 실제적인 책이 바로 성경입니다. 성경은 일반적인 삶에 대한 하나님의 메시지와 개인의 구체적인 삶에 대한 하나님의 메시지를 가지고 찾아옵니다.

저는 창세기 3장이 이 모든 내용을 포괄하고 있다고 말했습니다. 창세기 3장은 역사를 이해하는 데 가장 중요한 열쇠, 지금 당장 사용할 수 있는 열쇠입니다. 3장은 과거를 설명하고, 현재를 설명하며, 미래를 설명합니다. 분명히 말씀드리지만, 이것은 알레고리 allegory가 아닙니다. 실제 역사가 아니라면 복음이 될 수 없습니다. 저는 3장이 이처럼 실제 일어난 과거사를 역사적으로 기록하고 있을 뿐 아니라 현재 우리 한 사람 한 사람에게 현재 일어나고 있는 일 또한 기막히게 서술하고 묘사해 준다는 사실도 지적했습니다. 놀라운 사실은, 아담과 하와가 했던 짓을 우리가 그대로 답습하고 있다는 것입니다.

우리는 다양한 각도에서 아담과 하와의 불순종을 살펴보았습니다. 먼저 지적인 관점에서 고찰했고, 그 행동의 몇 가지 결과들—무언가 사라졌음을 알고 감추려 하지만 늘 실패한다는 것—을 살펴보았습니다. 그리고 더 심각한 결과들도 살펴보았습니다. 우리가 다룬 문제는 하나님을 등지고 독립적으로 살 수 있다는 인간의 사상이었습니다. 그러나 아담과 하와는 하나님을 피할 수 없었습니다. 하나님은 그들을 찾아내서 인격적인 말씀을 주셨습니다. 우리의 요점은 하나님이 지금도 똑같이 하신다는 것입니다.

우리는 모두 나무—우리가 만든 차폐물들, 당장 급하다고 주장하는 문제들—뒤에 숨어 있습니다. 무슨 핑계를 대서라도 복음 메시지를 피하고 있습니다. 성경보다는 신문 머리기사에서 뽑은 이야기를 할 때 훨씬 더 재미와 흥미를 느끼는 이들이 많은 것이 사실입니다. 그러나 저는 그런 것들이야말로 나무라고 생각합니다. 예를 들어 제가 이혼에 대한 견해를 이야기한다면, 당장 이혼의 문제가 없는 사람은 안심하고 넘어갈 것이며 그의 죄는 다루어지지 못할 것입니다.

어느 주일 아침예배 전에 PA* 대표가 저를 찾아와 그 당시 여러 신문에 오르내리던 사건을 다룰 것이냐고 물어 보았습니다. 제 유일한 대답은 신문 머리기사에서는 절대 설교 주제를 찾지 않는다는 것이었습니다. 저는 모든 신문 독자들에게 훨씬 더 중요한 문제를 설교하겠다고 했습니다. 물론 이런 말은 세상의 이목을 끌지 못

* Press Association. 1868년에 설립된 영국의 통신사.

하기 때문에 기사화되지 않을 것을 잘 알고 있었습니다.

지금 세상이 관심을 집중해야 할 사실은 모든 사람이 하나님의 진노 아래 있다는 것, 주 예수 그리스도를 믿지 않는 한 그 진노가 떠나지 않는다는 것입니다. 그러나 신문은 이런 것에 관심이 없습니다. 우리의 관심은 항상 우리와 동떨어진 문제나 인물에게 쏠립니다. 그러나 복음은 우리를 숨은 데서 끌어내 하나님과 독대하게 만듭니다. "아담아, 네가 어디 있느냐?" 이것은 인격적인 질문입니다.

이것이 우리가 다루었던 내용입니다. 이것만 보면 아무 소망도 없는 것 같지 않습니까? 인간은 애초의 지위를 잃고 추락했습니다. 낙원에서 쫓겨났습니다. 돌아가는 길은 불칼에 막혀 버렸습니다. 사는 것 자체가 노역입니다. 가시덤불과 엉겅퀴를 붙잡고 씨름해야 합니다. 자식을 낳을 때에도 고통과 수고가 수반됩니다. 죽음이 들어와 있습니다. 혼돈이 세상을 덮고 있습니다. 이것이 현재 우리의 처지입니다.

그런데 하나님이 등장하십니다! 역사는 여기에서 끝나지 않습니다. 여기에서 막을 내리지 않습니다. 제가 주 예수 그리스도의 복음을 맡은 자로 자처하는 이유가 여기 있습니다. 절망과 비참과 좌절 속에 한 가지 선포와 선언이 울려 퍼졌습니다. 하나님이 그의 계획과 목적을 계시하셨습니다.

이제부터 그 계시―창세기 3:15이 아주 완벽하고 훌륭하게 압축해 주고 있는 계시―에 여러분의 주의를 환기시키고자 합니다. 기독교 복음의 첫 선포, 첫 선언이 에덴동산에 울려 퍼졌습니다. 그런데도 그리스도인들에게 구약성경이 필요 없다고 생각하는 사람들은 얼마나 무지한 것입니까! 그들은 복음을 전혀 모르고 있습니다. 구약과 신약은 반드시 함께 가야 합니다. 왜 그렇습니까? 동일하신 하나님이 구약시대와 신약시대에 공히 일하셨기 때문입니다. 하나님은 태초에 이미 자신의 계획과 목적을 선언하시고 선포하셨습니다.

다음과 같이 요약해 보겠습니다. 복음이 전하는 메시지가 무엇입니까? 우리는 지금 어떤 처지에 놓여 있습니까? 우리가 좋아하든 좋아하지 않든, 지금 세상을 다스리는 자는 마귀입니다. 어리석은 인간의 역사가 만들어 낸 상황이 바로 이것입니다. 하와는 하나님께 "뱀이 나를 꾀므로 내가 먹었나이다"라고 대답했습니다(창 3:13). 아담과 하와가 꾐을 받았듯이, 인류도 계속 꾐을 받아 왔습니다. 그 결과가 바로 마귀의 지배와 다스림을 받게 된 것입니다. 이 점을 분명히 짚고 넘어갑시다. 저는 이것이야말로 세상 역사를 이해하는 유일한 방법이라고 주장하는 바입니다. 처음에 말했듯이, 우리는 현 역사와 인류의 상태를 놓고 염려하고 있으며 각자의 개인적인 문제를 놓고 염려하고 있습니다. 우리가 던져야 할 질문은 도대체 왜 이렇게 되었느냐 하는 것입니다.

적합한 대답은 한 가지뿐입니다. 마귀의 활동 때문인 것입니다. 우리는 마귀의 통제 아래 있으며 그의 권세에 잡혀 있습니다. 그래서 지금 이렇게 엉망인 것이고, 과거에도 엉망이었던 것입니다. 이것이 세상 역사에 대한 설명입니다. 인간은 아무 소망 없이 무력하게 마귀의 손에 붙잡혀 있습니다.

어떤 이는 말할 것입니다. "글쎄요, 난 창세기 3장에만 근거를 둔 그런 주장을 받아들일 수 없습니다. 과학이 밝혀냈듯이 그건 사실이 아니에요. 알레고리일 뿐이지요. 다 상상해서 쓴 거라고요."

물론 이에 대한 간단한 대답은, 과학은 이 모든 설명과 아무런 상관이 없다는 것입니다. 과학은 역사와 아무런 상관이 없습니다. 과학은 사실을 다루는 학문입니다. 사실의 영역에서 벗어난 과학자는 더 이상 과학자가 아니라 철학자라고 해야 합니다. 그럴 때 그들이 피력하는 견해는 과학적인 훈련을 전혀 받지 않은 사람들의 견해보다 나을 것이 없습니다.

사랑하는 여러분, 오직 창세기 3장만을 근거로 제가 이런 주장을 하는 것은 아닙니다. 주 예수 그리스도는 이렇게 말씀하셨습니다.

강한 자가 무장을 하고 자기 집을 지킬 때에는 그 소유가 안전하되 더 강한 자가 와서 그를 굴복시킬 때에는 그가 믿던 무장을 빼앗고 그의 재물을 나누느니라(눅 11:21-22).

주님은 죄에 빠진 인간, 낙원에서 타락한 이후의 인간을 큰 성에 갇힌 자들로 묘사하십니다. 거대한 성벽으로 둘러싸인 그 성은 하늘을 찌를 듯한 위용을 자랑할 뿐 아니라 강력한 지도자의 통치를 받고 있습니다. "강한 자가 무장을 하고 자기 집을 지"키는 것입니다. 교묘하게도 어느 정도의 자유는 허용됩니다. 성은 크고 땅도 넓습니다. 공원 같은 것도 있어서 얼마든지 산책할 수 있습니다. 사슬에 매여 감방 구석에 갇혀 있는 것이 아니라 이렇게 돌아다닐 수 있기 때문에 완전히 자유로운 것처럼 착각하기 쉽습니다. 그러나 사실 그 자유는 성안에 국한된 것입니다. 성을 나가려 해 보십시오! 성벽에 올라가려 해 보십시오! 성벽을 뚫으려 해 보십시오! 어떻게든 성 밖 세상으로 나가려 하는 순간, 날아오는 몽둥이에 맥없이 주저앉을 것입니다. "강한 자가 무장을 하고 자기 집을 지킬 때에는 그 소유가 안전하되." 사람들은 강한 자의 손에 잡혀 옴짝달싹 못하고 있습니다. 하나님의 아들은 죄에 빠진 인간이 이런 처지에 있다고 보십니다.

주님의 종들도 당연히 똑같은 말을 했습니다. 실제로 부활하신 주님은 가장 유명한 종에게 다시 이 말씀을 해 주셨습니다. 주님은 다메섹으로 가던 다소의 사울에게 나타나 사명을 주셨습니다. 그를 전도자와 사도로 보내시면서 "이스라엘과 이방인들에게서 내가 너를 구원하여 그들에게 보내어—무엇을 위해 보내십니까?—그 눈을 뜨게 하여 어둠에서 빛으로, 사탄의 권세에서 하나님께로 돌아오게" 하라고 명하셨습니다(행 26:17-18). 사람들을 "사탄의 권세에서 하나님께로 돌아오게" 하라는 것입니다. 사울이 후에 사도 바울이 되어 갈라디아 사람들에게 "그리스도께서⋯⋯이 악한 세대에서 우리를 건지시려고 우리 죄를 대속하기 위하여 자기 몸을 주셨으니"라고 말하며 하나님을 찬양한 것도 놀랄 일이 아닙니다.

바울은 골로새서에서도 이렇게 말합니다. "그가 우리를 흑암의 권세에서 건져 내사 그의 사랑의 아들의 나라로 옮기셨으니"(1:13). 이것은 성경 전체의 가르침이기도 합니다.

사람은 태어날 때부터 이 세상을 다스리는 마귀의 지배와 권위와 세력 아래 들어갑니다. 마귀는 "이 세상의 신"이요(고후 4:4), "공중의 권세 잡은 자"요, "지금 불순종의 아들들 가운데서 역사하는 영"입니다(엡 2:2). 그러므로 단순히 몇 가지 죄와 약점을 극복하는 것이나 어느 정도의 지각과 소망과 기쁨을 얻고 지금 누리지 못하는 행복을 찾는 것이 문제가 아닙니다. 세상 모든 사람의 당면 문제는 그런 것이 아닙니다. 우리 각 사람의 당면 문제는 어떻게 사탄의 지배에서 탈출하느냐, 어떻게 마귀의 손아귀에서 벗어나느냐, 무슨 수로 흑암의 나라에서 빠져나와 하나님의 빛과 지식이 있는 나라로 들어가느냐, 어떻게 쫓겨난 낙원으로 돌아가느냐, 어떻게 불칼을 통과하느냐 하는 것입니다. 진정한 문제는 바로 이것입니다.

이 사실을 모르는 것이야말로 오늘날 세상의 전적인 비극이 아닐 수 없습니다. 어떤 철학체계나 교육체계나 사교집단도 이 사실을 알지 못하며 이 사실에 관심조차 보이지 않습니다. 오로지 행복을 주는 일에만 매진할 뿐입니다. "당신이 불행하다는 것, 그래서 행복해지고 싶어 한다는 걸 잘 압니다. 좋습니다. 우리가 시키는 대로만 하세요. 그럼 행복해질 겁니다"라고 합니다. 그리고 어느 정도 성과를 거두기도 합니다. 그러나 그것은 무장한 강한 자의 성안에 국한된 행복입니다. 불쌍한 정신이상자들은 수용소 안에서 행복하게 지냅니다. 불쌍한 주정뱅이들도 술만 조금 들이키면 더할 나위 없이 행복해 합니다. 세상이 다 잘 돌아가는 것처럼 느낍니다. 술을 마시기 전에는 우울했습니다. 그래서 술을 마셨더니 문제가 다 사라져 버립니다. 만사가 편안합니다. 오, 그러나 이렇게 취해 있을 때야말로 그 어느 때보다 더 노예 상태에 빠진다는 것이 비극입니다. 사교집단이나 그 밖의 집단들은 이런 문제를 도와줄 수 있다고 말합니다. 그 말은 사실입니다. 그러나 인간의 궁극적인 문제와 근본적인 어려움—마귀의 지배를 받는 처지에서 벗어나 낙원으로 돌아가는 일—은 절대 직시하지 않습니다.

오해의 여지가 있음에도 한마디 덧붙여야겠습니다. 근본적인 문제를 다루지 않는 복음주의는 거짓 복음주의입니다. 복음주의를 검증하려면 행복한 느낌이 드는지, 기분이 좀 나아졌는지, 전에 없던 기쁨을 느끼는지, 특정한 죄를 버리게 되었는지를 볼 것이 아니라, 사탄의 지배에서 벗어났는지를 보아야 합니다. '하나님을 알게 되었는가? 그와 화목하게 되었는가? 참으로 빛 가운데 있게 되었는가?'를 물어야 하는 것입니다.

이 모든 이야기가 성경에 나옵니다. 사도 바울은 고린도후서의 인상적인 구절에서 이렇게 말하고 있습니다.

만일 우리의 복음이 가리었으면 망하는 자들에게 가리어진 것이라. 그중에 이 세상의 신이 믿지 아니하는 자들의 마음을 혼미하게 하여

그리스도의 영광의 복음의 광채가 비치지 못하게 함이니 그리스도는
하나님의 형상이니라(4:3-4).

사탄은 우리의 마음을 혼미하게 만듭니다. 우리를 사로잡아 똑바
로 생각하지 못하게 만듭니다. 복음의 의미를 제대로 보지 못하게
만듭니다.

이것이 우리의 문제이며 현실입니다. 그러니 어떻게 하면 좋을
까요? 인간이 할 수 있는 일은 하나도 없다고 이미 말씀드렸습니
다. 이 사실을 보고 믿고 받아들이지 않는 한, 뒤따라오는 복음 또
한 받아들일 수 없습니다. 자기 힘으로 바로잡을 수 있다고 생각하
는 사람은 그리스도를 믿지 않습니다. 자기가 얼마나 절망적인 죄
인인지 알아야 구주의 필요성도 깨닫는 법입니다. 인간은 철저히
무력한 존재입니다. 아담과 하와처럼 겁에 질리고 무서움과 두려
움에 떨면서 어찌할 바를 모르는 것, 심판을 선고받고 쫓겨나 절망
속에서 비참하고 불행하게 사는 것이 인간의 실상입니다.

그러나 감사하게도 이것이 이야기의 끝은 아니라는 점을 거듭
지적하고 싶습니다. 하나님은 창세기 3:15에서 구원의 계획을 알
려 주시고 계시해 주셨습니다. 저는 아무도 이 구절을 성경에서 제
하지 못하도록 막을 것입니다. 이 구절이야말로 저의 복음이기 때
문입니다. 이 구절은 모든 복음의 출발점입니다. 이 구절 없이는
복음을 이해할 수 없습니다. 성경의 전적인 메시지가 여기 담겨 있
습니다. 하나님은 사탄을 정복하고 무너뜨림으로 그 백성을 원수

의 몹쓸 통치에서 구해 내실 것입니다. 바로 이것이 복음 메시지입니다. 하나님은 이렇게 복음을 선포하셨습니다. 단순히 우리를 더 행복하게 해 주고 더 나아지게 해 주며 더 밝아지게 해 주겠다고 하시지 않았습니다. 절대 그러시지 않았습니다! 하나님의 목적은 우리를 속박에서 구해 내시는 것입니다. 사탄을 처리하시는 것입니다. 사탄을 정복하시고 이기시는 것입니다. 하나님은 이 크고 거대한 목적을 이루기 위한 계획을 알려 주셨습니다. 거듭 말하지만, 바로 이것이 창세기부터 끝까지 성경 전체가 우리에게 전하는 메시지입니다.

성경은 우리 힘으로 바로잡으라고 말하지 않습니다. 단순히 이런저런 일을 하라고 권하거나 몇몇 사상을 받아들여 실천에 옮기라고 권하지 않습니다. 도덕이나 윤리를 가르치지 않습니다. 일회적으로 무언가를 하라고 요청하지 않습니다. 그렇다면 성경이 어떤 책인지 알려 드리겠습니다. 성경은 하나님이 무슨 일을 하셨는지 알려 주는 책입니다. 행동하시는 하나님, 극심한 절망에 빠진 남자와 여자를 찾아 동산에 내려오신 하나님을 알려 주는 책입니다. 하나님이 이런 행동을 하시지 않았다면 어떻게 되었을까요? 복음이 주어지지 않았을 것입니다. 빛도 비치지 않았을 것입니다. 세상은 여전히 흑암에 갇혀 있을 것입니다. 그러나 하나님이 오셔서 말씀하셨고, 구원의 방법과 계획을 계시해 주셨습니다.

성경은 계시입니다. 사람의 생각이나 열망의 산물이 아닙니다. 사람의 제안도 아닙니다. 성경은 전적으로 하나님에게서 나온 책입니다. 성경이 없었다면 저는 이런 내용을 전혀 알지 못했을 것입니다. 똑똑한 척하면서 성경 어느 부분이 옳으니 틀리느니 떠드는 것은, 순전한 무지와 지적인 교만에서 나온 주제넘은 짓입니다. 전부 옳다고 하든지 틀리다고 하든지 해야 합니다. 성경은 하나로 통합된 책입니다. 처음부터 끝까지 한결같은 책입니다. 하나님의 계시입니다. 성경이 없었다면 저는 하나님이나 구원의 길에 대해 아무것도 몰랐을 것이며, 따라서 그에 대해 아무 말도 하지 못했을 것입니다. 사랑하는 여러분, '현대의 지식'이니 '최근의 발견'이니 6,70년 전과 지금의 격차니 하는 말들은 대꾸할 가치조차 없을 정도로 유치한 것입니다. 우리의 관심은 영원하신 하나님이 기꺼이 밝혀 주신 이 계시에 있습니다. 하나님은 에덴의 비극적인 현장에 찾아와 말씀하셨고, 지금도 여전히 세상을 향해 말씀하고 계십니다.

그 말씀이 무엇일까요? 자, 이것입니다. "내가 너로 여자와 원수가 되게 하고 네 후손도 여자의 후손과 원수가 되게 하리니 여자의 후손은 네 머리를 상하게 할 것이요 너는 그의 발꿈치를 상하게 할 것이니라." 그렇습니다. 이것이 참된 역사입니다.

우리가 성경에서 배워야 할 첫 번째 사실은 역사에 두 가지 유형이 있다는 것입니다. 세상 역사책에 나오는 역사가 있습니다. 철학과 사상의 역사, 예술과 문화의 역사, 인간 노력의 역사가 있습니다. 그러나 이 역사가 전부는 아닙니다. 성경이 현대인들에게 분명히 밝히는 점이 바로 이것입니다. 현대인의 비극은 역사가 하나뿐이라고 주장하는 데 있습니다. 그러나 감사하게도 그들의 주장은 틀렸습니다! 세상 역사가 아무 성과도 거두지 못한 것—여러 모로 놀랍지만 사실입니다—은 참 감사한 일입니다.

이미 말했듯이, 저는 위대한 역사가들의 순환적 역사관(역사는 순환할 뿐 진보하거나 전진하지 못한다는 관점)에 전적으로 동의합니다. 인간은 도전이 있을 때 그에 응하여 앞으로 나아가면서 점점 더 강해지고 단단해지다가 마침내 그 도전을 극복해 냅니다. 그리고 자신들이 이렇게 일정한 수준에 도달했으니 후손들은 이 수준을 넘어 더 전진할 것이라고 기대합니다. 그러나 그들의 기대는 수포로 돌아갑니다. 강성했던 왕조들과 위대한 문명들은 전진하는 것이 아니라 사라져 버립니다. 이집트와 그리스가 그러했고, 로마와 스페인을 비롯한 여러 나라들이 그러했습니다. 그들은 학식과 놀라운 지식에 더하여 과학지식까지 갖추었고 막강한 군사력을 자랑했습니다. 그런데 그토록 융성했던 제국이 어느 순간 쇠락하는 것입니다. 그 이유가 무엇일까요? 일정한 수준에 도달하고 정복할 것을 정복한 후 그 영광에 안주하게 되기 때문이라고 역사가들은 말합니다. 이처럼 세계를 거의 다 정복한 자들이 안주하고 있을 때 "왜 저들이 다 차지해야 하지?" 하면서 또 다른 민족이 도전에 응하여 일어나기 시작합니다. 세상 역사를 채우고 있는 이야기가 전부 이런 것 아닙니까?

군사적 정복의 역사뿐 아니라 지식의 역사도 마찬가지입니다. 위대한 지식의 시대가 지나면 암흑과 무지의 시대가 찾아옵니다. 그리스의 뛰어난 문화는 유럽 암흑시대에 사라졌다가, 16세기에

에라스무스Erasmus와 그 밖의 사람들에 의해 재발견되었습니다. 이런 이야기라면 얼마든지 계속해서 여러분을 즐겁게 해 드릴 수 있습니다. 고대 중국인들이 그 이름까지 붙이지는 못했지만 페니실린에 대해 완전히 파악하고 있었다는 사실을 아십니까? 그들은 한때 페니실린을 발견해서 사용했습니다. 그 지식이 몇 백 년간 사라졌다가 지금 다시 발견된 것입니다.

제가 직접 경험한 일도 말씀드릴 수 있습니다. 왕립학회 동료였던 한 연구자가 하루는 절망적인 모습으로 제 방에 찾아와 "이제 연구를 그만두어야겠어"라고 말했습니다. 제가 "왜?" 하고 묻자 그가 대답했습니다.

"난 지난 6년간 한 가지 문제만 연구해 왔어. 그리고 마침내 위대한 발견을 했다고 생각했거든. 그런데 왕립의과대학 도서관에서 책을 읽는데, 내가 처음 발견한 줄 알았던 것을 고대 이집트인들이 이미 발견했다는 각주가 있는 거야."

그렇습니다. 세상의 역사는 순환합니다. 계속 제자리만 맴돌 뿐, 어디에도 도달하지 못합니다. 긴긴 세월 동안 그 모든 수고와 노고를 쏟았음에도, 인간은 똑같은 곤경에 빠져 있습니다. 예전처럼 지금도 불행하고, 예전처럼 지금도 패배감에 시달립니다.

그러나 감사하게도 또 다른 역사, 참된 역사가 있습니다. 인간을 정복한 악한 독재자와 싸울 여자의 후손을 일으키는 또 다른 역사의 과정을 하나님이 새로이 시작하셨습니다. 약속된 이 후손은 사탄을 무너뜨리고 인간을 구원할 것입니다. 이 영적인 역사가 세상의 역사와 나란히 흘러가고 있습니다. 때로 그 역사와 뒤섞이기도 하고 그 역사에 간섭하기도 하지만, 여전히 독립적으로 흘러가고 있습니다. 성경 역사에도 세상 나라들이 나오고, 세상 문화들이 등장합니다. 그리스, 로마, 이집트 모두 등장합니다. 맞습니다. 그러나 그것들은 다 부수적인 요소에 불과합니다. 성경이 말하는 **참된** 역사는 창세기 3:15의 목적이 실행되는 역사입니다. "내가 너로 여자와 원수가 되게 하고 네 후손도 여자의 후손과 원수가 되게 하리니 여자의 후손은 네 머리를 상하게 할 것이요 너는 그의 발꿈치를 상하게 할 것이라." 이 말씀이 어떻게 실행되어 나가는지 기록해 놓은 것이 바로 성경입니다. 하나님이 어떻게 마귀를 무너뜨리시고 멸하시는지, 그리고 마침내 그의 모든 사악한 일을 폐하시는지 전하는 것이 성경 메시지입니다.

하나님은 "계획이 있다"라고 하셨습니다. 그것은 절대 흔들리지 않는 계획이며, 누구도 방해하거나 저지할 수 없는 계획임을 태초부터 밝히셨습니다. 저는 그중에서도 "할 것이요shall"라는 말이 참 좋습니다. "여자의 후손은 네 머리를 상하게 **할 것이요** 너는 그의 발꿈치를 상하게 **할 것이라**." 이것은 영원하신 하나님의 권위에 근거를 두고 있는 계획, 절대 흔들리지 않는 계획입니다.

이 약속을 주신 후에 일어난 일이 무엇입니까? 자, 성경을 읽어 보십시오. 처음부터 끝까지 읽어 보십시오. 이 약속에 주목하면서 읽어 보십시오. 세세한 부분에 관심을 빼앗기지 마십시오. 큰 흐름에 집중하십시오. 굵은 선을 따라가십시오. 구원이라는 주제를 견지하십시오. 구원이 어떻게 이루어지는지 지켜보십시오. 이 두 후손, 두 계보가 어떻게 충돌하는지 주목하십시오. 그 충돌은 아담과 하와의 두 아들인 아벨과 가인에게서 바로 시작되고 있습니다. 가인은 증오에 가득 찬 사탄의 대변자로서 살의를 품고 동생을 죽였습니다. 이처럼 두 계보는 처음부터 충돌을 일으켰습니다.

이후에도 충돌은 계속되었습니다. 제가 이렇게 성경을 조감하는 것은, 이 충돌을 알지 못해서 기독교 메시지를 이해하지 못하는 사람들이 너무나 많기 때문입니다. 노아를 다시 보기 바랍니다. 노아와 그의 가족 여덟 명을 제외한 모든 세상이 멸망당했습니다. 이때도 똑같은 충돌이 일어났습니다. 사람들은 노아를 비웃었습니다. 하나님은 노아를 의의 설교자로 세우시고 자신의 계획을 계시하셨습니다. 그는 그 말씀을 믿고 방주를 짓기 시작했습니다. 사람들은 말했습니다. "아주 미쳤군. 홍수가 일어난다고? 벌써 몇 년째 똑같은 말이야!"

백 년이 지나도록 홍수는 일어나지 않았습니다. 노아가 방주를 지으며 설교하는 내내 사람들은 그를 방해하며 핍박했습니다. 그러나 알다시피 홍수는 일어났습니다. 이때도 똑같은 충돌이 있었습니다. 여자의 후손과 뱀의 후손이 부딪혔습니다.

이제 서둘러 아브람이라는 사람을 부르신 일을 살펴봅시다. 하나님이 어떻게 그를 본토에서 불러내셨는지 보십시오. 아브람은 이방 출신이었으니 필시 이방인으로 성장했을 것입니다. 그러나 하나님은 그를 부르시고 그에게 자신을 계시하시며 "너는 내 계획의 일부다. 구주의 강림으로 이어질 일을 너에게 행하겠다"라고 말씀하셨습니다.

여자의 후손 아브람은 아브라함이 되었습니다. 그리고 그의 허리에서 이스라엘 나라, 하나님이 택하신 백성, 말씀을 맡은 백성, 권위 있는 하나님의 소리를 발하는 백성이 나왔습니다. 그러나 그들은 곧 내부의 반발에 부딪쳤습니다. 마귀가 하나님 백성의 진에 침투하여 그들을 죄에 빠뜨린 것입니다. 이처럼 나라 밖뿐 아니라 안에도 싸움이 있었습니다. 이 또한 여인의 후손과 뱀의 후손이 충돌한 예입니다.

계속 성경을 읽어 보십시오. 숨 막히는 이야기가 펼쳐집니다. 하나님이 패하신 듯 보일 때도 있습니다. 원수가 승리하고 이스라엘 자손은 거의 망한 것 같습니다. 믿는 자가 한 명도 없는 것 같습니다. 그래서 불쌍한 엘리야는 동굴에 앉아 "오직 나만 남았거늘"이라고 탄식했습니다(왕상 19:14). 그러나 그것은 오해였습니다. 엘리야 말고도 7천 명이나 더 있었습니다!

성경 이야기를 계속 읽다 보면 일이 대체 어찌 될 것인지 궁금해집니다. 여자의 후손은 거의 멸절되기에 이릅니다. 마귀의 힘은 강력하기 그지없습니다. 모든 전선에서 승리를 거두고 있습니다. 대체 일이 어떻게 되어가는 것입니까?

자, 싸움이 벌어지고 충돌이 일어납니다. 이런 상황이 계속되자 사람들은 절망하기 시작했습니다. 그래서 하나님은 선지자라는 특별한 사자들을 보내 다음과 같은 메시지를 전하게 하셨습니다. "괜찮다. 포기하지 마라. 하나님의 목적은 지금도 확고하다. 그가 그 **구원자**를 보내실 것이다. 메시아를 보내실 것이다."

그렇게 기다림의 세월이 흘렀지만, 메시아는 오시지 않았습니다. 하나님은 또 다른 사자를 일으켜 같은 메시지를 주셨습니다. 이렇게 하나님의 사자들이 연이어 나타나다가 아무 소리도 들리지 않는 끔찍한 기간이 400년이나 이어졌습니다. 말라기 이후 이 죽은 듯한 침묵이 이어지자 사람들은 물었습니다. "하나님은 어디 계실까? 대체 일이 어떻게 되어가는 걸까?" 원수의 힘은 강력했습니다. 무서운 핍박이 일어났고, 예루살렘과 거룩한 땅은 로마 군대에 정복당했습니다. 마귀가 승리한 것만 같았습니다. 뱀의 후손이 이긴 것만 같았습니다!

그러나 그렇지 않았습니다! "때가 차매 하나님이 그 아들을 보내사 여자에게서 나게 하시고 율법 아래에 나게 하신 것은 율법 아래에 있는 자들을 속량하시고 우리로 아들의 명분을 얻게 하려 하심이라"(갈 4:4-5). 참된 여자의 후손이 나타나셨습니다. 동정녀에게서 태어나셨습니다. 예수는 아버지가 없었습니다. 성령으로 잉태되어 동정녀에게서 태어나셨습니다. 드디어 여자의 후손이 등장하신 것입니다.

이제 어떤 충돌이 일어나는지 보십시오! 사탄의 후손인 헤롯왕은 여자의 후손인 아기 예수를 죽이려 했습니다. 마태복음 1장을 다시 읽어 보기 바랍니다. 뱀의 후손이 약속된 자를 죽이려다가 실패하는 모습을 보십시오. 충돌은 여기에서 끝나지 않습니다. 예수가 광야에서 40일간 밤낮으로 마귀에게 시험받는 장면을 보십시오. 바리새인과 사두개인과 서기관들을 주목해서 보십시오. 그토록 심한 악의와 증오와 극악무도함을 본 적이 있습니까? 사복음서를 읽어 보십시오. 세상이 자기를 구원하러 온 하나님의 아들, 기적을 행하고 선한 일만 행하신 하나님의 아들을 어떻게 대우했는지 보십시오. 그에게 무슨 짓을 했는지 보십시오. "자기 땅에 오매 자기 백성이 영접하지 아니하였으나"(요 1:11).

사람들은 그에게 돌을 던졌습니다. 그의 얼굴에 침을 뱉었습니다. 일제히 소리를 높여 "없이 하소서! 십자가에 못 박으소서! 이 자 대신 강도를 풀어 주소서"라고 외쳤습니다. 이것이 무엇입니까? 뱀의 후손과 여자의 후손이 원수라는 증거입니다. 뱀의 후손은 유다 속에 들어갔습니다. 이를테면 유다로 성육신했다고 할 수 있습니다.

두 계보의 충돌은 온갖 세력이 들고 일어나 예수를 고소하며 정죄하는 재판정에서 절정에 달합니다. 그 장면을 보십시오. 뱀의 후손이 이긴 것 같지 않습니까? 그들은 하나님의 아들을 손아귀에 넣었습니다. 십자가에 못 박아 죽였습니다. 숨이 완전히 꺼지는 것을 보았습니다. 그러니 뱀의 후손이 이긴 것 아닙니까?

그러나 실상은 어떠했습니까? 사도 바울은 이렇게 말합니다. "통치자들과 권세들을 무력화하여 드러내어 구경거리로 삼으시고 십자가로 그들을 이기셨느니라"(골 2:15). 그는 죽어서 장사되었습니다. 그들은 무덤 입구를 돌로 막아 봉인함으로써 자신들의 승리에 인을 쳤습니다. 그러나 그는 사망의 줄을 끊으셨습니다. 무덤을 밟고 일어나셨습니다. 수의를 증거물로 남기고 무덤에서 나오셨습니다. 사람들에게 나타나셨으며, 승천하여 성령을 보내 주셨습니다.

사랑하는 여러분, 지금까지 이야기한 것이 무엇입니까? 구원의 드라마이고, 성경의 전 역사이며, 창세기 3:15에 대한 설명입니다. "여자의 후손은 네 머리를 상하게 할 것이요 너는 그의 발꿈치를 상하게 할 것이니라." 이것은 무서운 광경입니다. 마귀는 너무나 강하고 능하고 힘세고 교활하기 때문에, 하나님의 능력이 없으면 싸워서 쓰러뜨릴 수가 없습니다. 15절에서 말씀하시는 이 일, 이 사건이 없으면 도저히 이길 수가 없습니다.

"너는 그의 발꿈치를 상하게 할 것이니라." 약속된 분은 **과연** 상하셨습니다. 죽으셨습니다. 마귀는 자기가 그를 끝장냈다고 생각했습니다. 그러나 사실은 발꿈치만 건드렸을 뿐입니다. 마귀는 하나님이 에덴에서 하신 말씀을 잊어버렸습니다. 자신이 발꿈치만 건드렸다는 사실을 몰랐습니다. 이러한 그리스도의 죽음이 없으면 사탄에게서 벗어날 길이 없습니다. 이것이 구주께서 우리를 구원하시는 방법입니다. 그 발꿈치가 상해야 하는 것입니다. 그는 과연 고난을 당하셨습니다. 형벌을 받으셨습니다. 만인을 위해 말 그대로 죽음을 맛보셨습니다. 그럼으로써 뱀의 머리를 부수셨습니다.

죽음을 앞두고 주님은 말씀하셨습니다. "이제 이 세상에 대한 심판이 이르렀으니 이 세상의 임금이 쫓겨나리라"(요 12:31). 주님은 자신의 죽음으로 회복 불가능한 치명적인 상처를 마귀에게 입히셨습니다. 히브리서 기자가 말한 그대로입니다. "죽음을 통하여 죽음의 세력을 잡은 자 곧 마귀를 멸하시며 또 죽기를 무서워하므로 한평생 매여 종노릇하는 모든 자들을 놓아 주려 하심이니"(2:14-15). 그는 마귀의 권세를 박탈하셨습니다. 사망의 쏘는 가시를 뽑아 버리셨습니다.

이것으로 끝난 것이 아닙니다. 승리는 지금까지 계속되고 있습니다. 성령이 오시면서 승리의 효력이 나타나기 시작했습니다. 싸움이 더 맹렬해지는데도 "마귀는 치명적인 상처를 입었다. 그리스도를 바라보며 믿고 신뢰하는 사람은 사탄의 지배에서 벗어나 구원받고 구속받는다"라고 복음이 말하는 이유가 여기 있습니다. 제가 지금 여러분에게 전하는 복음이 바로 이 복음입니다. 주님은 다메섹 도상에서 바울에게 명하셨습니다. "가서 이제는 거칠 것이 없다고 전해라. 내 승리의 힘 안에서 살라고 전해라."

복음 메시지는 그 후 지금까지 계속 전파되고 있습니다. 성령의 능력으로 계속 퍼져 나가면서, 사탄의 속박에 매인 인간에게 아무 힘이나 소망이 없음을 깨우치고 있습니다. 그리스도 안에 있는 구원을 보도록 눈을 열어 주고 있으며, 속박에서 그들을 풀어 주고 있습니다.

이 여자의 후손—하나님의 아들 주 예수 그리스도—이 다시 와서 모든 원수를 멸하실 때까지 승리는 계속될 것입니다. 그가 오시면, 사탄과 그의 무리는 전부 멸망의 못에 던져질 것입니다. 악과 악의 모든 자취는 불타서 없어질 것입니다. "의가 있는 곳인 새 하늘과 새 땅"이 펼쳐질 것이며(벧후 3:13), 사탄은 영원히 멸망할 것입니다.

> 햇빛을 받는 곳마다
> 주 예수 왕이 되시고
> 이 세상 끝날 때까지
> 그 나라 영원하리라.
> —아이작 와츠Isaac Watts*

사탄이 결박될 뿐 아니라 완전히 멸망할 날이 오고 있습니다. 그 날이 오면 죄와 악은 사라질 것입니다. 여자의 후손이 그 "머리를 상하게 할" 것입니다. 하나님은 그리스도 안에서 마침내 완전한 승리를 거두실 것이며, 마귀는 모든 권세와 힘을 박탈당하고 빼앗길 것입니다.

여러분, 이것이 기독교 메시지입니다. 여러분은 태어날 때부터 마귀의 것입니다. 그래서 세상이 이 지경인 것입니다. 그래서 세상이 복음을 비웃고, 그리스도의 피에 대한 말을 조롱하는 것입니다. 세상은 무장한 강한 자, 즉 자기의 신과 주인으로 인해 눈이 가려 있습니다. 이 점을 생각하면 무섭습니다. 지금 상태 그대로 죽으면 마귀를 비롯한 악한 세력들과 똑같이 비참하고 불쌍하게 멸망할

* 찬송가 52장.

것입니다. 그러나 우리를 마귀의 속박과 무서운 손아귀에서 구해 내시기 위해, 하나님의 나라로 데려가 자녀 삼으시고 그 복을 쏟아 주시기 위해 아들을 세상에 보내 주셨다는 이 말씀만 믿으면, 세상이 끝나고 하나님의 심판이 임한다 해도 무서울 것이 없습니다. 그리스도 안에서 심판에서 생명으로 옮겨졌기 때문에 마귀가 건드리지 못합니다.

사도요한은 첫 번째 서신에서 이렇게 쓰고 있습니다. "하나님께로부터 나신 자가 그를 지키시매 악한 자가 그를 만지지도 못하느니라. 또 아는 것은 우리는 하나님께 속하고 온 세상은 악한 자 안에 처한 것이며"(요일 5:18-19). 우리는 하나님의 것입니다. 여러분 속에는 무슨 피가 흐르고 있습니까? 무슨 씨가 들어 있습니까? 여러분은 하늘의 씨를 받았습니까? 살아 있고 항상 있는 하나님의 말씀으로, 썩어질 씨가 아닌 썩지 아니할 씨로 거듭났습니까?

사랑하는 여러분, 이것은 현실과 동떨어진 이야기가 아닙니다. 저는 지금 여러분의 이야기를 하고 있습니다. 마귀의 손에 잡히든지, 하나님의 손에 잡히든지 둘 중에 하나입니다. 그에 따라 여러분의 영원한 운명이 결정됩니다. 지금 마귀의 손안에 있다면, 간곡히 청하건대 자신의 처지와 형편을 인정하십시오. 여러분을 해방하고 구속하기 위해 아들을 보내 여자에게서—여자의 후손으로—나게 하셨다는 하나님의 놀라운 메시지를 들으십시오. 그분께 자신을 맡기십시오. 그분께 아뢰십시오. "볼 수는 없지만 거기 계신 것을 믿습니다. 이 메시지를 믿습니다. 저를 구원해 주소서!"라고 구하십시오.

그러면 그가 **과연** 여러분을 구해 주실 것이며, 새 생명과 새 힘과 새 능력을 주실 것입니다. 여러분은 마귀에게 저항할 힘을 얻을 것이며, 생전 처음으로 마귀가 여러분을 피해 도망치는 놀라운 경험, 여러분을 다스리고 있는 그리스도의 이름과 피를 견딜 수 없어 도망치는 놀라운 경험을 하게 될 것입니다.

그룹과 불칼 6

여호와 하나님이 이르시되 보라, 이 사람이 선악을 아는 일에 우리 중 하나같이 되었으니 그가 그의 손을 들어 생명나무 열매도 따먹고 영생할까 하노라 하시고 여호와 하나님이 에덴동산에서 그를 내보내어 그의 근원이 된 땅을 갈게 하시니라. 이같이 하나님이 그 사람을 쫓아내시고 에덴동산 동쪽에 그룹들과 두루 도는 불칼을 두어 생명나무의 길을 지키게 하시니라.　　　　　창세기 3:22-24

성경은 항상 우리의 정확한 형편을 짚어 준다는 것, 삶 전체를 포괄하는 중대한 메시지를 전해 준다는 것을 우리는 알게 되었습니다. 이처럼 성경은 오늘날 세상에서 일어나는 구체적인 일들을 일일이 취급하지는 않지만, 다른 방식들과는 다른 심오한 방식으로 다루고 있습니다.

가끔 생각하는 바지만, 사람들이 성경의 가르침을 고찰하지 않는 것이야말로 이 가르침의 진실성을 입증하는 증거입니다. 세상이 위기와 소요와 혼란에 빠지면 성경을 찾아볼 것 같은데, 그렇지가 않습니다. 다른 방면만 전부 찾아봅니다. 성경을 제외한 모든 해결책을 찾아봅니다. 사람들이 이렇게 하는 이유를 설명해 주는 책은 성경밖에 없습니다. 성경은 영적인 눈이 가려져 아무것도 보지 못하기 때문이라고, 오직 인간적이고 물리적인 의미에서만 보기 때문이라고 설명합니다. 사람들은 정작 중요한 문제를 보지 못합니다. 무엇보다 중요한 실체인 보이지 않는 권세와 세력들을 보지 못합니다. 일반적인 인간의 비극은 이처럼 눈에 보이는 것만 볼 뿐, 눈에 보이지 않는 것은 보지 못한다는 데 있습니다. 그래서 지금도 문제의 진정한 원인을 깨닫지 못하는 것입니다. 사람들은 누가 무슨 행동을 했는가, 무엇을 해야 했고 무엇을 하지 말아야 했는가 등을 기준으로 생각하며, 그로 인해 흥분합니다. 그러나 그것은 증상에 불과합니다. 눈에 보이지 않는 원인이 배후에 있습니다. 세상에서 일어나는 모든 일을 참으로 설명해 주는 원인이 있습니다.

성경은 바로 그 원인에 관심을 집중합니다. 성경은 아주 오래된 책입니다. 수많은 위기가 나타났다가 사라졌던 그 긴긴 세월을 함께해 온 책입니다. 제2차 세계대전 때도 성경은 있었습니다. 제1차 세계대전 때도 있었습니다. 사람들이 이처럼 심각한 상황은 없었다며 흥분했던 나폴레옹 전쟁 당시에도 지금과 똑같은 모습으로 있었습니다. 세상은 늘 그렇게 말합니다. 어느 세대나 똑같은 말을 하는 경향이 있습니다. 모든 실상을 파악하고 있는 성경은 여러분이 겉으로 드러난 표시나 증상에만 관심을 보인다고 지적하며, 인간의 본성과 세상의 삶을 있는 그대로 보지 못하는 것과 계속 위기를 불러오고 있는 본질적인 문제를 보지 못하는 것이야말로 비극이라고 지적합니다. 여러분은 세상을 이렇게 만든 본질적인 문제, 할아버지나 그 할아버지 세대, 또 그 이전 세대가 경험했던 상황과 똑같은 상황에 빠지게 만드는 본질적인 문제가 무엇인지 보지 못하고 있습니다. 성경은 "나에게 유일하고 참된 답이 있는데, 왜 나아와 듣지 않느냐?"라고 도전합니다.

성경은 우리 모든 사람이 마땅히 던져야 할 두 가지 질문에 대답합니다. 첫째 질문은 상황이 왜 이렇게 되었느냐 하는 것입니다. 둘째 질문은 이 상황을 어떻게 바로잡을 수 있느냐 하는 것입니다. 이것이야말로 진정한 문제 아닙니까? 결국 중요한 것은 진단과 처방입니다.

그런데 여기에서 부딪치게 되는 장애와 난관이 있습니다. 세상은 사실상 첫째 질문을 살펴볼 마음이 없습니다. 둘째 질문에만 관심이 있을 뿐입니다. 그런데 성경이 "첫째 질문을 제대로 이해하지 못하면 둘째 질문을 해결할 수 없다"고 말하니까 싫어하는 것입니다. 바로 이 점에서 성경은 우리와 대척점에 서 있습니다. 성경은 "진단에 승복하지 않으면 처방을 얻을 수 없다"라고 주장합니다.

그런데 세상은 진단을 싫어합니다. 진단에는 관심이 없다고 말합니다. 문제만 바로잡으면 그뿐이지 진단이 무슨 상관이냐고 말합니다. 몸이 아플 때도 마찬가지입니다. 우리는 아파 죽겠는데 의사가 와서 들여다보며 자꾸 질문을 던집니다. 그러고 나서도 이런저런 검사를 하면서 손도 얹어 보고 심장소리도 들어 봅니다. 그럴 때 우리에게 드는 생각은 '왜 이렇게 쓸데없는 데 시간을 쓰는 거야? 왜 통증부터 해결해 주지 않지?'라는 것입니다. 이것이 자연스러운 인간의 반응입니다. 그러나 의사는 원인을 분명히 파악하기 전에 통증부터 가라앉히는 것은 위험한 짓임을 잘 알고 있습니다. 우리는 성경처럼 철저하게 분석하는 것을 좋아하지 않습니다. 알다시피 성경은 우리 자신에 대해 이야기합니다. 그것은 우리가 원치 않는 일입니다. 오늘날 세상은 복음의 첫째 부분을 혐오하고 있습니다. 즉각적인 치료만 바라고 있습니다.

우리가 살펴보는 이 짧은 본문은 복음의 두 측면을 전부 보여 줍니다. 현대인과 현대세계에 대한 완벽한 그림을 보여 줍니다. 아담과 하와를 보십시오. 그들은 지금 막막한 세상, 삶의 광야에 서 있습니다. 그들은 낙원에서 쫓겨났습니다. 열매만 따먹으면 되는 곳에서 쫓겨났습니다. 외롭게 고립된 채, 언제 어떤 동물이나 짐승이 덮칠지 모르는 황량한 광야 앞에 서 있습니다. 앞으로 살아갈 일에 대한 무거운 부담감과 좌절감, 혼란과 무서운 고독감 속에 어찌 할 바를 모르고 있습니다.

오늘날 사람들의 모습과 완벽하게 일치하지 않습니까? 사람들은 혼란에 빠져 있습니다. 마치 광야에 서 있는 것 같습니다. 사는 게 뭔지 알 수가 없습니다. 자기가 생각했던 것과 너무나 다릅니다. 자기가 기대했던 대로 되지 않습니다. 어쨌든 살기는 살아야 할 텐데 혼자서는 어떻게 할 수가 없습니다. 늘 어딘가로 돌아가기 위해 애를 쓰지만 뜻대로 되지 않습니다.

이제 23절과 24절을 분석하면서, 진단과 처방이라는 복음의 두 가지 측면을 살펴봅시다. 하나님은 남자와 여자를 에덴동산 밖으로 쫓아내셨습니다. 왜 쫓아내셨습니까? 그렇게 완벽한 삶을 누리던 두 사람이 돌연 문제와 난관의 한복판에 떨어진 이유, 상실감 속에서 가늠할 수 없는 거대한 현실과 씨름하게 된 이유가 무엇입니까? 그들은 어쩌다 이런 처지가 되었습니까? 다시 묻겠습니다. 세상이 오늘날 이 지경이 된 이유가 무엇입니까?

첫 번째 대답이 여기 나옵니다. 인류가 이 지경이 된 것은, 태초에 자신의 본질과 실상을 깨닫지 못하고 자신이 아닌 다른 존재, 하나님이 절대 의도하시지 않은 다른 존재가 되려 했기 때문입니다. 성경은 이 점을 아주 간단한 말로 표현하고 있습니다. "여호와 하나님이 에덴동산에서 그를 내보내어 그의 근원이 된 땅을 갈게 하시니라." 여기에 나오는 중대한 말은 "그의 근원이 된 땅"이라는 것입니다. 이 말은 인간의 본질이 무엇인지 알려 줍니다. 여기에서 알 수 있는 사실이 무엇입니까? 인간은 피조물이라는 것입니다. 유한한 존재라는 것입니다. 현대인의 관점과는 완전히 다르지 않습니까? 그러나 이것이 사실입니다. 인간은 땅에서 나온 존재입니다. 하나님은 땅의 흙을 취해 인간을 만드셨고 자신의 영을 불어넣어 주셨습니다. 이것이 인간의 기원입니다.

그러나 인간은 이에 만족하지 않았습니다. 마귀는 그 점을 알았고, 그 점을 어떻게 활용해야 하는지도 알았습니다. 그래서 하와에게 물었습니다.

"하나님이 참으로 너희에게 동산 모든 나무의 열매를 먹지 말라고 하시더냐?"

하와가 "글쎄, 한 나무의 열매 말고는 다 먹을 수 있는데"라고 대답하자, 뱀이 말했습니다.

"좋아. 하나님이 왜 그런 말을 했는데 알려 주지. 너희가 그것을 먹으면 눈이 밝아져서 자기처럼 될까 봐, 그래서 선악을 알게 될까 봐 그런 거야."

물론 아담과 하와는 뱀이 던진 미끼를 덥석 받아 물었습니다. 그의 말을 바로 믿어 버렸습니다. 그들은 유한한 존재로 하나님께 의존하며 순종의 삶을 살기가 싫었습니다. 그들은 자고했습니다. 자신들은 흙으로 만든 피조물이 아니라고 생각했습니다. '인간은 신이다!'라고 생각했습니다. '인간에게는 한계가 없다. 인간은 놀라운 존재다!'라고 생각했습니다. 그래서 하나님께 불순종하고 열매를 따먹으면—그래야 비로소—하나님과 같이 된다는 마귀의 말을 덥석 받아들인 것입니다. 그들은 하나님과 어깨를 겨룰 만한 무언가가 자기들 속에 있다고 생각했습니다. 그래서 열매를 따먹었습니다.

오늘날 인간이 이 지경이 된 이유, 유일한 이유가 바로 이것입니다. 그 때문에 아담과 하와가 에덴동산에서 쫓겨난 것입니다. 그들이 자신들의 본질과 실상을 깨닫지 못하고 하나님이 의도하시지 않은 다른 존재가 되려 했기 때문에 인간이 이렇게 된 것입니다. 이 최초의 착오, 원천적이고 치명적인 착오로부터 세상의 모든 역사와 인류의 이야기가 시작되었습니다.

첫 번째 요점을 다루는 데 너무 많은 시간을 쓸 생각은 없습니다. 그러나 성경과 복음을 전할 때에는 반드시 '큰 자만심이 인간의 주된 문제'임을 밝혀야 합니다. 사도 바울은 고린도 사람들에게 편지를 쓰면서 이렇게 말했습니다.

형제들아, 너희를 부르심을 보라. 육체를 따라 지혜로운 자가 많지 아니하며 능한 자가 많지 아니하며 문벌 좋은 자가 많지 아니하도다. 그러나 하나님께서 세상의 미련한 것들을 택하사 지혜 있는 자들을 부끄럽게 하려 하시고 세상의 약한 것들을 택하사 강한 것들을 부끄럽게 하려 하시며 하나님께서 세상의 천한 것들과 멸시받는 것들과 없는 것들을 택하사 있는 것들을 폐하려 하시나니 이는 아무 육체도 하나님 앞에서 자랑하지 못하게 하려 하심이라(고전 1:26-29).

사도는 구약성경을 인용하며 자신의 말을 마무리합니다. "자랑하는 자는 주 안에서 자랑하라"(고전 1:31). 다시 말해서 하나님이 마련하신 구원의 방법은 인간의 자부심, 특히 지적인 자부심을 낮추시고 깎아내리시는 것입니다.

그러나 알다시피 인간은 처음부터 그 방법을 거부했고, 지금도 거부하고 있습니다. 인간은 근본적으로 자신을 오해하고 있습니다. 자신의 잠재력과 재능과 능력을 오해하고 있습니다. 자신이 무슨 왕이나 거인이나 천재인 것처럼, 무슨 일이든 할 수 있는 존재인 것처럼 착각하며 자신을 숭배하고 있습니다. 이 말은 과장도 아니고, 지나친 묘사도 아닙니다.

사랑하는 여러분, 여러분과 저는 불행히도 거의 백 년간 뿌려 온 씨를 거두는 시기에 살고 있습니다. 인간은 하나님을 크게 배신했습니다. '우리는 하나님이 필요 없을 정도로 놀라운 존재'라고 진심으로 믿기 시작하면서, 배신은 시작되었습니다. 인간이 할 수 없는 일은 아무것도 없다고 생각했습니다. 완벽한 세상, 낙원을 능히 만들 수 있다고 생각했습니다. 그 오래된 환상은 지금도 계속되고 있습니다. 인간은 자신이 땅에서 나왔다는 사실, 흙으로 만들어졌다는 사실을 잊고 있습니다. 아예 그런 생각 자체를 싫어합니다.

그러면서 실제로는 끊임없이 땅 위를 기어 다니는 것입니다. 하나님은 인간이 땅에서 나왔다는 사실을 쉬지 않고 일깨우십니다. 인간이 스스로 높아질 때마다 거꾸러뜨려 다시 흙을 핥게 만드십니다. "여호와 하나님이 에덴동산에서 그를 내보내어 그의 근원이 된 땅을 갈게 하시니라."

이제 두 번째 원리로 넘어가 보겠습니다. 이처럼 어리석게 하나님을 떠나는 죄를 짓고 얻는 결과물은 항상 인간을 실망시키게 되어 있으며 더 심각한 문제를 불러오게 되어 있습니다. 성경은 이렇게 말합니다.

여호와 하나님이 이르시되 보라, 이 사람이 선악을 아는 일에 우리 중 하나같이 되었으니 그가 그의 손을 들어 생명나무 열매도 따먹고 영생할까 하노라 하시고 여호와 하나님이 에덴동산에서 그를 내보내어(창 3:22-23).

선악을 알게 하는 나무의 열매를 따먹은 결과, 아담과 하와가 선악을 아는 지식을 얻었다는 점에 주목하십시오. 그들은 이 열매를 먹으면 눈이 밝아져 신처럼 될 것이며 모든 것을 알게 될 것이라고, 선뿐 아니라 악도 알게 될 것이라고 생각했습니다. 이것이 그들의 기대였습니다. 전에는 악을 몰랐습니다. 하나님과 온전히 교통하며 낙원에서 살았습니다. 아는 것이라고는 오로지 축복밖에 없었습니다. 일하지 않아도 양식이 있었습니다. 늘 평화롭고 행복하고 즐거웠습니다. 순전한 기쁨과 지복의 삶을 살았습니다. 그런데 이런 선에 더하여 악까지 알게 된다면 자신들의 지경이 더 넓어질 것 같았습니다. 그래서 마귀의 제안을 받아들여 하나님이 금하신 일을 한 것입니다. 과연 그들은 선뿐 아니라 악을 아는 지식을 얻었습니다. 그러나 슬프게도 그들의 입에 들어온 열매는 달지 않고 시었습니다. 바로 이것─그토록 탐내던 열매가 시다는 것, 모든 것을 완벽하게 만들어 주리라 생각하여 그토록 탐내던 지식이 기대를 저버리는 것─이 인류의 전 역사를 이루고 있습니다.

이제 인간이 죄를 짓고 타락한 즉시 나타난 결과를 말씀드리겠습니다. 알다시피 인간은 모든 것을 이론적으로 생각하면서 '나한테는 굉장한 역량이 있다. 내가 이르지 못할 곳은 없다. 나는 모든 것을 가질 수 있고, 잡을 수 있고, 즐길 수 있다'라는 입장을 취했습니다.

원하던 대로 인간은 악을 아는 지식을 얻었습니다. 맞습니다. 그러나 그 지식은 하나님의 지식이 아니었습니다. 하나님은 외부에서 객관적으로 선과 악을 바라보십니다. 위에서 내려다보십니다. 그러나 가련한 인간이여, 그의 지식은 객관적인 지식이 아니었습니다. 그가 얻은 지식은 주관적인 지식이었습니다. 그 내용이 무엇입니까? 금단의 열매를 먹는 순간, 악의 노예가 되었음을 자각한 것입니다. 자신이 악의 세력에 사로잡혔다는 것, 사탄과 죄의 지배를 받게 되었다는 것을 자각한 것입니다. 그렇습니다. 그에게 생긴 지식은 바로 이것이었습니다. 우리에게도 이 지식이 있습니다. 이 지식의 실상이 무엇입니까? 자, 사도 바울의 대답을 들어 보시기 바랍니다.

> 원함은 내게 있으나 선을 행하는 것은 없노라. 내가 원하는 바 선은 행하지 아니하고 도리어 원하지 아니하는 바 악을 행하는도다.…… 내 지체 속에서 한 다른 법이 내 마음의 법과 싸워 내 지체 속에 있는 죄의 법으로 나를 사로잡는[끌어내리는] 것을 보는도다(롬 7:18-19, 23).

제게도 악을 아는 지식이 있고, 여러분에게도 악을 아는 지식이 있습니다. 그렇지 않습니까? 인간은 악을 아는 지식을 원했고, 그 지식을 얻었습니다. 그럼으로써 우리 속에는 일종의 지옥이 생겨났습니다. 여러분도 느끼지 않습니까? 우리는 속에서 무서운 힘이 작용하는 것을 느낍니다. 아침에 일어나 미처 정신을 차리기도 전에, 적극적이고 능동적인 사고를 시작하기도 전에 악한 생각들이 떠오릅니다. 아이처럼 아무 생각 없이 길을 걷다가 자기 속에 있는 악을 발견하기도 합니다.

인간은 선악을 아는 지식을 얻었습니다. 그러나 다시 말하지만, 그것은 하나님의 지식이 아니었습니다. 하나님은 악을 보고 미워하시는 분, 악을 내려다보며 멸하시는 분입니다. 그러나 인간이 알게 된 것은 악몽처럼 자신을 짓누르는 악, 안팎으로 자신을 휘어잡는 악이었습니다. 우리 모두가 알고 있는 악은 소름끼치게 무서운 것입니다. 우리 안에는 그 지식이 자리잡고 있습니다. 인간은 악을 아는 지식을 구했고, 그 지식을 얻었습니다. 그러나 예상했던 지식은 아니었습니다. 기대했던 지식은 아니었습니다.

악을 아는 지식의 또 다른 측면이 있습니다. 인간은 악이 삶에 작용하는 거대하고 악의적인 영향력이자 권세임을 알게 되었을 뿐 아니라 그것이 몰고 오는 악한 결과도 알게 되었습니다. 앞서 말한 결과 외에 또 어떤 결과가 나타났습니까? 자, 첫 번째로 나타난 결과는 형벌이었습니다. 인간은 동산에서 쫓겨나 추위에 떠는 신세, 무방비상태로 허허벌판에서 뼈 빠지게 노동하며 일하는 신세가 되었습니다. 이것이 악을 알게 된 결과였습니다. 전에는 이런 삶을 몰랐습니다. 이처럼 우리는 죄를 짓는 즉시 형벌을 받게 되어 있습니다.

두 번째 결과는 자신의 어리석음을 깨닫는 것입니다. 괴로울 줄 뻔히 알면서도 왜 똑같은 짓을 반복했을까 가슴을 치는 것입니다. 자기를 원망하며 책망하는 것입니다. 후회하고 부끄러워하는 것입니다. 마음이 괴로울 뿐 아니라 침체되며, 앞날이 막막하게 느껴지는 것입니다. 일이 어찌 되어 가는 건지, 자기가 할 수 있는 일이 대체 뭔지, 답답하기만 한 것입니다.

이 모든 결과의 배후에서 어른거리는 것—아마도 이것이 가장 무서운 결과일 텐데—은 결국 찾아올 죽음의 그림자입니다. 인간은 시험을 치르고 있었습니다. 그때 하나님께 순종하기만 했다면, 계속 순종하기만 했다면 죽을 필요가 없었을 것입니다. 하나님께 순종하기만 했다면 생명나무 열매를 먹도록 허락해 주셨을 것이고, 그 결과 불멸하게 되었을 것입니다. 그러나 인간은 하나님의 법을 무시하고 자의로 행동함으로써 저주를 자초했습니다. "네가 먹는 날에는 반드시 죽으리라"(창 2:17). 죽음의 망령이 동산에서 쫓겨난 인간 앞에 나타났습니다. 저 멀리 지평선에서부터 서서히 다가왔습니다. 우리는 그 사실을 알고 있습니다.

죄를 짓고 타락한 결과, 인간은 이런 삶을 살게 되었습니다. 태초에 일어났던 일이 지금도 일어나고 있습니다. 우리는 태어날 때부터 죄를 알고 악을 압니다. 우리 시대와 세대에 맞는 방식으로 아담이 했던 짓을 반복합니다. 인간의 문제는 하나님 대신 지식을 믿는다는 것입니다. 인간은 하나님을 밀어내고 그 자리에 지식을 올려놓습니다. 아담이 한 짓도 이것 아니었습니까? 요컨대 "이 지식만 있으면 하나님이 없어도 되고, 하나님께 순종하지 않아도 된다. 이 지식만 있으면 난 완전해진다. 더 이상 아무것도 필요 없다"라는 것입니다.

다시 말씀드리지만, 지난 백 년 사이에 큰 배교가 일어났습니다. 교회 다니는 것이 아주 희귀한 일이 되어 버렸습니다. 대다수가 교회에 발길을 끊게 되었습니다. 하나님에 대한 설교를 듣지 않게 되었습니다. 그 이유가 무엇입니까? 자, 약 백 년 전에 사람들은 지식—특히 과학 지식—이 우리를 하나님에게서 독립시켜 준다는 결론을 내렸습니다. 새로운 발견과 발명으로 하나님이 필요 없어졌다고 주장했습니다. 앞으로는 열도 만들고 인공 비도 만들어서 풍성한 수확을 얻을 수 있다고 했습니다. 하나님이 없어도 얼마든지 살 수 있다는 것입니다. 과거에는 무지해서 하나님께 수확의 복이나 그 밖의 복을 달라고 빌었지만, 이제는 하나님에게서 독립했다는 것입니다. 이제는 과학을 믿는다는 것입니다. 인간은 원자까지 분할했다는 것입니다.

그 결과가 무엇입니까? 태초의 인간들과 똑같은 처지가 된 것 아닙니까? 우리는 지금 시디신 열매를 맛보고 있습니다. 우리 문제를 해결해 주리라 생각했던 지식이 가장 큰 문젯거리로 떠올랐습니다. 가련한 아담과 하와 때처럼 우리가 분할한 원자와 우리가 의지했던 지식이 가장 큰 문젯거리로 떠올랐습니다. 그들은 분명 한탄했을 것입니다. "오, 하나님 앞에서 계속 무지하게 있을걸! 뭐 때문에 악을 알고자 했을까? 오, 옛날로 돌아갈 수만 있다면." 그러나 때는 이미 늦었습니다. 그들은 동산에서, 하나님 앞에서 쫓겨났습니다. 깨달음은 항상 늦게 찾아옵니다. 여러분, 아직도 현대의 지식과 학문을 의지하면서 하나님이 필요 없다고 생각합니까? 바로 그 생각이 인간을 낙원으로부터 짐승들이 울부짖는 황량한 광야로 몰아냈습니다.

이 원리는 그 다음 원리와 연결됩니다. 이런 일을 겪고서도 어리석은 인간은 죄의 결과를 모면하고자 애를 씁니다. 자기가 탐내는 복을 움켜잡고자 애를 씁니다. 본문은 이렇게 말합니다. "우리 중 하나같이 되었으니." 이 말씀을 하신 분은 하나님입니다. 여기에서 삼위일체 교리를 볼 수 있지 않습니까? 이것은 천사나 인간에게 하신 말씀이 아닙니다. 성부 하나님, 성자 하나님, 성령 하나님 사이에 오간 말씀입니다. "보라, 이 사람이 선악을 아는 일에 우리 중 하나같이 되었으니 그가 그의 손을 들어 생명나무 열매도 따먹고 영생할까 하노라"(창 3:22). 이 가능성 때문에 하나님은 인간을 동산에서 쫓아내기로 결정하셨습니다.

다시 말해서 하나님은 죄에 빠진 인간이 생명나무 열매를 따먹는 짓도 불사하리라는 것을 아셨던 것입니다. 하나님은 인간이 어리석음 때문에 불순종하여 이런 재앙을 자초했으면서도 또다시 생명나무 열매에 손을 뻗어 계속 살고자 할 것을 아셨습니다. 죄를 지어 타락하고 악을 알게 된 그 상태에서도 여전히 하나님께 도전할 것을 아셨습니다. 그래서 추방하신 것입니다.

바로 이 말씀에 타락한 태초의 인간과 현재의 인간 사이의 연결고리가 아주 분명하게 나타나고 있습니다. 아니, 저는 이 한 말씀에 문명의 전 역사가 들어 있다고까지 말하고 싶습니다. 역사를 직접 읽어 보기 바랍니다. 제 말만 듣거나 성경만 읽지 말고, 세상 역사를 직접 읽어 보십시오. 왕들의 이야기, 결혼과 출생과 전쟁과 죽음의 이야기도 읽어 보고, 사상의 역사도 읽어 보십시오. 시대를 거슬러 올라가 그리스 철학도 읽어 보십시오. 신화도 읽어 보고, 이상향을 꿈꾸었던 이들의 책도 읽어 보십시오.

그 모든 역사에 담겨 있는 것이 무엇입니까? 쫓겨난 동산으로 돌아가기 위한 인간의 끊임없는 노력입니다. 인간은 동산에 생명나무가 있음을 압니다. 그 나무의 열매를 따먹고 싶어 합니다. 여전히 자기 잘못을 인정하지 않고, 자기 죄를 인정하지 않습니다. 자기가 하나님께 종속된 존재임을 인정하지 않습니다. 하나님을 제치고 나아가려 합니다. 하나님을 무시한 채 독립적으로 살면서 영생을 얻으려 합니다. 어느 시대에나 인간이 해 온 일이 바로 이것입니다.

문명의 역사는 하나님 없이 인간의 힘으로 완벽한 세상을 만들기 위해 노력해 온 역사입니다. 개인의 삶도 마찬가지입니다. 오늘날 모든 사람이 평화와 행복과 기쁨과 생명을 찾고 있습니다. 맞습니다. 그런데 문제는 하나님을 떠나서 그것을 찾는다는 것입니다. 그들은 하나님을 생각지 않습니다. 하나님을 예배하지 않습니다. 하나님께 기도하지 않습니다. 하나님께 관심을 보이지 않습니다. 주 예수 그리스도께도 관심을 보이지 않습니다.

인간들은 온갖 방법으로 생명과 기쁨과 평안과 행복을 찾지만, 결코 찾지 못합니다. 계속 밖에서만 서성댈 뿐입니다. 인간은 죽음을 몰아내기 위해 애를 씁니다. 무덤을 정복하기 위해 애를 씁니다. 수명을 연장하기 위해 애를 씁니다. 하나님 없이 영원히 살기 위해 온갖 재주와 재능과 두뇌를 동원합니다. 어떻게 보면 이런 노력이 다 헛되다는 것이야말로 복음의 첫 번째 중대한 메시지리고 할 수 있습니다.

"어떻게 그것을 알았습니까?"라고 묻는 이가 있을지도 모르겠습니다. 창세기 3장 마지막 절을 보면 알 수 있습니다. "이같이 하나님이 그 사람을 쫓아내시고 에덴동산 동쪽에 그룹들과 두로 도는 불칼을 두어 생명나무의 길을 지키게 하시니라"(24절). 하나님은 인간의 실상을 아십니다. 죄에 빠진 인간의 실상을 아십니다. 쫓겨 나서도 "다시 돌아갈 수 있다면, 생명나무 열매를 하나만 구할 수 있다면, 그것만 먹을 수 있다면……"이라고 말할 것을 아십니다. 끊임없이 돌아오려 할 것을 아십니다. 그래서 그룹과 불칼을 두어 동산 입구와 생명나무의 길을 지키게 하신 것입니다.

이것이 무슨 뜻입니까? 오늘날 인간의 처지가 바로 이렇다는 것입니다. 이런 처지에 있기 때문에, 2천 년이 넘도록 문화와 철학과 사상과 사회활동과 정치와 전쟁을 계속해 왔는데도 이 지경이라는 것입니다. 인간은 지금도 동산 밖에서 서성대고 있습니다. 돌아가지 못하고 있습니다. 왜 돌아가지 못합니까? 그룹이 지키고 있기 때문입니다! 불칼이 지키고 있기 때문입니다! 여러분이 좋아하든 좋아하지 않든, 이것은 분명한 사실입니다. 아무리 뚫고 들어가려 해도, 조상들이 실패했듯이 여러분도 실패하게 되어 있습니다. 동산에 들어갈 수 있는 사람은 아무도 없습니다. 그룹이 지키고 있어서 안 됩니다! 불칼이 지키고 있어서 안 됩니다!

이것이 무슨 뜻일까요? 그룹이 대체 무엇입니까? 자, 그룹은 여호와 하나님이 계신 곳에 함부로 접근할 수 없음을 나타내고 상징하는 존재입니다. 성경을 읽으면서 그룹에 대한 언급들을 찾아보십시오. 임재의 위엄과 능력과 말할 수 없는 영광을 묘사하고 재현할 때마다 그룹이 등장한다는 사실을 발견할 것입니다. 하나님은 모세에게 광야에 성막을 세우고 언약궤를 만들라고 하셨습니다.

궤 안에는 하나님의 도덕법인 십계명을 담아야 했습니다. 그리고 일종의 뚜껑 내지는 덮개로 궤를 덮고, 그 위에 금으로 두 그룹을 만들어야 했습니다. 그 두 그룹은 '은혜의 자리'라는 이름이 붙은 궤의 뚜껑을 내려다보는 위치에 있었습니다. 그룹은 율법을 내려다보시는 하나님의 거룩함을 나타내며 그 거룩한 성품을 표현하는 상징물이었습니다(출 25:1-22).

하나님은 이 그룹을 동쪽 입구, 즉 아담과 하와가 쫓겨난 에덴동산 입구에 두셨습니다. 이것은 인간이 생명과 기쁨과 평안의 복을 얻기 위해 동산으로 돌아가려 하는 즉시 영원하시며 영존하시는 하나님, 어둠이 전혀 없는 빛이신 하나님과 대면하게 된다는 뜻입니다. 하나님께 가까이 다가갔던 사람들이나 그의 영광을 얼핏 보았던 사람들의 이야기를 읽어 보십시오. 그들은 그 자리에 바로 엎어졌습니다. 맥을 잃고 쩔쩔 맸습니다. 그룹은 이 같은 하나님의 영광, 말할 수 없는 하나님의 영광을 상징하는 존재입니다.

또 무엇이 있었습니까? 불칼이 사방을 두루 도는 장면을 한번 상상해 보십시오. 불칼이 왼쪽에 있는 것을 보고 오른쪽으로 피하는데, 몸을 다 돌리기도 전에 휙 막아섭니다. 이렇게 동산을 두루 돌기 때문에 도저히 도망치거나 피할 수가 없습니다. 사랑하는 여러분, 불칼은 죄에 대한 하나님의 진노를 나타냅니다. 무엇보다 이 사실을 알아야 합니다. 생명을 얻고 싶습니까? 행복과 평안과 기쁨을 얻고 싶습니까? 어떤 것에도 흔들리지 않는 무한한 생명을 얻을 수 있는지 알고 싶습니까? 그런 복을 받고 싶습니까? 좋습니다.

그러려면 하나님 앞을 통과해야 합니다. 죄에 대한 진노를 뚫고 나아가야 합니다. 그 복으로 나아갈 수 있는 유일한 입구에서 그가 여러분을 지켜보고 계십니다. 여러분이 찾는 복을 얻으려면 그 앞을 지나가야 합니다. 진노의 칼 앞을 지나가야 합니다.

그런데 시대를 막론하고 자기 힘으로 그 생명을 얻으려 했다는 것이야말로 인간의 궁극적인 어리석음이요 비극입니다. 인간은 학식을 의지했습니다. 능력을 의지했습니다. 재능을 의지했습니다. 도덕을 의지했습니다. 수많은 것들을 의지했습니다. 그러나 늘 실패했습니다. 왜 실패했을까요? 그런 것들로는 불칼에 대응할 수가 없기 때문입니다. 하나님 앞을 통과할 수가 없기 때문입니다.

어떤 이는 물을 것입니다. "지금 우리를 정죄하고 싶은 겁니까? 다 소망 없는 인생들이요 망한 인생들이라고 말하고 싶은 겁니까? 개인도 세상도 어쩔 수 없이 망해야 한다는 것이 기독교의 메시지입니까? 생명이든 평안이든 기쁨이든 내가 원하는 것을 얻을 길이 전혀 없다는 겁니까?"

감사하게도 그렇지 않습니다. 제가 말하고 싶은 바는, 동산에 들어갈 길이 있다는 것입니다. 길이 분명히 있습니다. 그러나 그 길은 하나뿐입니다. 히브리서 기자는 다음과 같이 말합니다.

그러므로 형제들아, 우리가 예수의 피를 힘입어 성소에 들어갈 담력을 얻었나니 그 길은 우리를 위하여 휘장 가운데로 열어 놓으신 새로운 살 길이요 휘장은 곧 그의 육체니라.……우리가 마음에 뿌림을 받아 악한 양심으로부터 벗어나고 몸은 맑은 물로 씻음을 받았으니 참 마음과 온전한 믿음으로 하나님께 나아가자(10:19-20, 22).

무슨 뜻입니까? 이런 복을 얻을 길이 단 하나 있다는 것입니다. 하나님의 영광 앞에서도 소멸되지 않을 방법이 있다는 것입니다. 우리는 무슨 일이 있어도 그 방법을 찾아내야 합니다. 하나님의 영광 앞에서 움츠러들지 않을 방법을 찾아내야 그의 복이 있는 낙원, 동산에 들어갈 수 있습니다. 그런데 그 방법이 있다는 것입니다.

하나님 앞에 서서 그 영광의 얼굴을 바라볼 수 있는 방법, 유일한 방법이 있습니다. 하나님이신 성자, 하나님의 영광을 공유하시는 아들, 그 이름을 찬양할 분이 세상에 오셨습니다. 인간의 본성을 입고 육신이 되어 우리 가운데 거하셨습니다. 동산에서 광야로 나오셨습니다. 자발적으로 나오셨습니다. 나오실 필요가 없는데도 나오셨습니다. 인간처럼 동산에서 쫓겨나신 것이 아닙니다. 스스로 나오신 것입니다. 성부께 나가게 해 달라고 청해서 나오신 것입니다. 이처럼 그는 우리가 사는 광야로 나오셨고, 우리의 본성을 입으셨으며, 우리와 같이 되셨습니다. 인간으로 와서 한 인간이자 신인神人으로 하나님의 얼굴을 바라보고 계십니다. 다른 사람은 아무도 그렇게 할 수 없었습니다. 구약의 성도들도 할 수 없었습니다. 하나님의 얼굴을 보고도 살 수 있는 사람은 아무도 없습니다. 하나님을 보고도 살 수 있는 인간은 아무도 없습니다. 그런데 이분은 인간이시면서도 하나님이시기 때문에 하나님을 보고도 살 수 있는 것입니다.

이제 여러분은 말할 것입니다. "아, 그렇군요. 하지만 칼은 어떻게 합니까?" 자, 사랑하는 여러분, 이 점이 정말 놀랍습니다. 하나님의 아들은 불칼을 향해 나아가셨고, 그 칼에 맞아 죽으셨습니다. 그런데 그 몸을 찌르던 칼이 그만 부러져 버렸습니다. 그러면서 하나님의 낙원으로 들어가는 길, 생명나무로 나아가는 길, 구원과 말할 수 없는 모든 복으로 나아가는 길이 활짝 열렸습니다. 히브리서가 이에 대해 어떻게 말하는지 아십니까? "그 길은 우리를 위하여 휘장 가운데로 열어 놓으신 새로운 살 길이요 휘장은 곧 그의 육체[그의 몸]이니라"(10:20). 그는 칼 앞에 나서며 "나를 치라"고 하셨습니다. 칼은 그를 치다가 산산조각나 버렸습니다.

여러분과 저는 이 아들의 피와 찢긴 몸을 통해 추방당했던 낙원으로 돌아갈 수 있습니다. 생명나무 열매를 마음껏 따먹을 수 있습니다. 성찬식에서 나누는 떡은 그의 몸을 상징하는 것이며, 포도주는 그의 피를 상징하는 것입니다. 우리가 성찬식을 하는 이유가 여기 있습니다. 단순히 관습을 지키기 위해서나 흉내를 내기 위해, 행복한 장면을 연출하기 위해 성찬식을 하는 것이 아닙니다. 예수 그리스도와 그가 십자가에 못 박히신 이 일 없이는 아무도 하나님의 낙원에 들어가지 못합니다. 아무리 그가 하나님의 아들이라도 칼에 찔리시지 않았다면 길은 열리지 않았을 것입니다. 하나님의 아들이 세상에 오신 것만으로는 충분치 않았습니다. 우리를 가르치신 것만으로도 충분치 않았습니다. 온전한 삶의 모범을 보이신 것만으로도 충분치 않았습니다. 우리가 낙원으로 들어가려면 칼이 휘둘러져야 했습니다. 과연 칼은 휘둘러졌습니다. 이사야는 이 일이 일어나기 800년 전에 성령으로 이미 다음과 같이 예언했습니다. "그는 징벌을 받아 하나님께 맞으며 고난을 당한다 하였노라"(사 53:4). 베드로도 "그가 채찍에 맞음으로 너희는 나음을 얻었"다고 했습니다(벧전 2:24). 하나님의 아들이 이 모든 일을 친히 담당하셨습니다.

주 예수 그리스도를 믿는 자에게 동산 입구는 더 이상 막혀 있지 않습니다. 우리는 그리스도 안에서 하나님을 대면할 수 있습니다. 예수의 피를 힘입어 담대하게 지성소로 들어갈 수 있습니다. 내 힘으로 들어가는 것이 아닙니다. 그렇습니다. 나는 몹쓸 죄인입니다. 그러나 이제 그리스도 안에 들어왔기 때문에 그의 순종을 힘입어 들어갈 수 있습니다. 그가 율법을 지키신 것은 자기 자신만을 위해서가 아니라 그를 믿는 모든 자를 위해서였습니다.

율법도, 하나님도
두렵지 않도다.
구주의 순종과 피
내 모든 허물 가려 주시니.
—오거스터스 탑레이디Augustus Toplady

생명, 참된 생명, 풍성한 생명, 죽음을 통과하여 영원한 영광의 나라까지 이어질 생명을 얻고 싶습니까? 평안과 기쁨과 행복을 얻고 싶습니까? 사랑하는 여러분, 더 이상 자기 힘으로, 인간이 가진 지식의 힘으로 얻으려 하지 마십시오. 그렇게 했던 사람들은 전부 실패했습니다. 길은 오직 하나뿐입니다. 예수 그리스도와 그가 십자가에 못 박히신 일을 통해 나아가야 합니다. 그를 통해, 그 안에서 나아가야 합니다. 예수 그리스도를 힘입어 나아오는 모든 자를 하나님은 기꺼이 영접해 주십니다.

죄는 벌해야 한다 7

이르시되 내가 창조한 사람을 내가 지면에서 쓸어버리되 사람으로부터 가축과

기는 것과 공중의 새까지 그리하리니 이는 내가 그것들을 지었음을 한탄함이라

하시니라. 그러나 노아는 여호와께 은혜를 입었더라.　　　　　창세기 6:7-8

이번에는 창세기 6장에서 시작되는 크고 중요한 사건을 다루어 보겠습니다. 이 사건의 전모를 살피면서 여기에서 배워야 할 극히 중요한 메시지를 찾아보겠습니다. 이 사건이 다루는 기본적인 질문은 두 가지입니다. 첫째는 세상이 안고 있는 문제의 원인이 무엇이냐 하는 것입니다. 둘째는 그것을 어떻게 해결할 수 있느냐 하는 것입니다.

사람들은 세상의 문제를 보며 크게 염려합니다. 적어도 생각이라는 것을 하는 사람들은 그렇습니다. 제가 볼 때 거의 모든 사람이 생각은 하지만, 불행히도 일정한 수준에 시선을 고정시킨 채 성경 메시지를 살펴볼 마음까지는 먹지 않습니다. 이제껏 살펴왔듯이 성경은 다름 아닌 우리의 삶을 다루는 책입니다. 관심이 없어서 모르는 것일 뿐입니다. 사람들은 종교를 학문의 연구 주제나 그쪽에 흥미를 느끼는 이들의 관심거리로 치부합니다. 예전에 어떤 학술대회에 예배의 설교자로 섬겨 줄 것을 요청받아 간 적이 있습니다. 그 학술대회에서 다룰 주제들이 거의 끝도 없이 나열되어 있었는데, 종교는 그중 열여섯 번째에 있었습니다. 사람들은 주로 문학과 음악과 미술을 연구하기 위해 회의에 참석했습니다. 종교를 연구하려는 사람은 소수에 불과했습니다.

많은 이들이 종교를 취미 삼아 다루는 이론적 주제로 생각하며, 온갖 취미 중에 한 가지로 여깁니다. 그나마 종교 연구에 관심을 갖는 이들의 숫자마저 해마다 줄어드는 형편입니다. 소수만 여전히 관심을 보일 뿐, 대다수 사람들은 종교를 시대에 뒤처진 진부한 주제로 간주합니다. 귀담아 들을 내용도 없고 우리와 연관도 전혀 없는 것으로 간주합니다.

그러나 우리가 출발한 토대는 이 책이 우리와 연관이 있다는 것, 오직 이 책만 우리와 연관이 있다는 것입니다. 우리는 몇 장에 걸쳐 창세기 3장을 살펴보았습니다. 그 전적인 목적은 3장의 메시지를 받아들여야만 현대세계가 안고 있는 문제의 본질을 이해할 수 있다는 점을 밝히려는 데 있었습니다. 왜냐하면 오직 여기에만 문제의 본질에 대한 진정한 설명이 나오기 때문입니다. 다른 것들로 한번 설명해 보십시오. 하나같이 맞지 않음을 발견할 것입니다. 오직 여기에만 현실에 맞는 설명이 나옵니다. 인간이 하나님께 반역하고 자신의 권위를 내세우며 하늘의 소리를 멸시하다가 오늘날 이 지경이 되었으며 세상도 이 지경이 되었다는 설명이 나옵니다.

우리는 아담과 하와가 반역하자마자 무서운 결과가 나타났고 지금도 그 결과가 계속되고 있음을 살펴보았습니다. 창세기 3장은 오늘날 삶의 모습을 정확하게 묘사하고 있습니다. 인간은 불행을 자초했습니다. 의도적이고 자발적으로 자신의 대적이자 하나님의 대적인 사탄의 발밑으로 들어갔습니다. 공중의 권세 잡은 자요 이 세상의 신인 사탄의 권세, 마귀의 권세 아래 들어갔습니다. 그리고 자기 힘으로 벗어날 수 없는 속박에 매여 이제껏 살아왔습니다. 어느 시대에나 사람들은 그 속박을 풀고 자유를 얻고자 했지만 단 한 번도 성공하지 못했고, 앞으로도 성공할 가능성이 없습니다.

그러나 감사하게도 앞서 살펴보았듯이 복음 메시지가 속박의 현장에 찾아왔습니다. 성경은 인간이 이런 죄를 저질렀음에도 하나님이 여전히 우리를 염려하시며 돌보신다고 말합니다. 아담과 하와가 죄를 짓고 타락한 후에 그들을 주목하셨던 하나님, 동산으로 내려와 그들에게 말씀하셨던 하나님은 지금도 동일하시다는 것이 성경의 메시지입니다. 하나님이 동산에 내려와 아담과 하와에게 심판을 선고하셨고, 죄에 대해 심판을 선고하셨으며, 뒤따를 결과를 알려 주셨습니다. 그러나 그것이 전부는 아니었습니다. 하나님은 탈출구도 보여 주셨습니다. 구원의 길도 안내해 주셨습니다. 여자의 후손과 뱀의 후손이 원수 될 것을 알려 주셨습니다(창 3:15). 뱀의 후손은 머리가 깨지고 여자의 후손은 발꿈치에 상처를 입는 큰 전투가 벌어질 것을 알려 주셨습니다.

이것이 기독교 복음의 메시지입니다. 우리는 이 메시지를 창세기 3장으로 거슬러 올라가 발견하게 됩니다. 그러나 그것은 시작에 불과합니다. 성경은 창세기 3장으로 끝나지 않습니다. 3장 이후에도 계속되어 우리가 보는 바와 같이 큰 분량의 책을 이루고 있습니다. 이 책에 담긴 내용이 무엇입니까? 3장 이후 계속된 역사입니다. 하나님의 계획이 어떻게 수행되었는가에 대한 이야기입니다. 그 후 하나님이 인간을 어떻게 대하셨는가에 대한 기록입니다.

이제 우리는 창세기 6장에서 또 한 가지 주목할 만한 사건을 만나게 됩니다. 앞서 살펴본 사건과 이 사건 사이에, 하나님은 거의 세상에 관여하시지 않았던 것으로 보입니다. 인간을 내버려 두셨던 것으로 보입니다. 하나님은 인간이 제멋대로 살도록 내버려 두셨습니다. 오랫동안 직접적인 간섭을 하시지 않았습니다. 그러다가 돌연 이 사건이 일어난 것입니다. 하나님이 다시 개입하셨습니다. 다시 행동하셨습니다. 동산에 내려오셨던 하나님이 다시 사람들에게 말씀하기 시작하셨습니다.

이것이 타락 이후 인간을 다루어 오신 하나님의 방식입니다. 저는 이 점을 분명히 알아야 한다고 생각합니다. 앞서 시사했듯이, 성경을 알아야만 역사를 이해할 수 있기 때문입니다. 거듭 말씀드리겠습니다. 성경은 역사책입니다. 그렇기 때문에 아주 실제적입니다. 성경은 개인과 나라의 실제 역사를 기록하고 있습니다. 하나님이 전 역사를 다스리시며 사건들을 일으키신다는 관점에서 모든 사건을 세세히 보여 주고 있습니다. 다시 말해서 이 책의 가르침을 받아들이지 않으면 세상 역사를 이해할 수 없습니다. 성경 시대의 세상만 이해하지 못하는 것이 아닙니다. 성경이 제시하는 큰 원리들을 받아들이지 않으면 신약시대 이후의 역사도 이해하지 못합니다. 하나님이 인간을 대하시는 방법은 언제나 동일하기 때문입니다.

종전기념일*은 전쟁을 기억하는 날입니다. 우리는 20세기에 두

---

* Armistice Sunday, 제1차 세계대전이 끝난 것을 기념하는 날.

차례의 큰 전쟁을 겪으면서 무서운 시련의 시기를 통과했습니다. 아직도 전반적인 상황이 의심스럽고 불확실한 가운데 우리에게 떠오르는 의문은 이것입니다. 대체 왜 이런 일이 일어났습니까? 왜 이런 일이 일어나야만 했습니까? 대체 무엇이 문제입니까? 이에 대해 우리가 할 수 있는 일이 무엇입니까?

여러분은 세상이 무슨 대답들을 내놓고 있는지 익히 알 것입니다. 매일, 매주, 매달, 신문과 잡지에 나오고 있으니 말입니다. 그러나 여러분에게 묻겠습니다. 그런 대답들이 만족스럽게 느껴집니까? 충분하게 느껴집니까? 무슨 소망이 보입니까?

그러니까 하나님이 주신 이 메시지를 함께 살펴보자는 것입니다. 이것은 저 개인의 메시지도 아니고, 저 개인의 이론도 아니며, 제가 숙고하고 성찰한 결과물도 아닙니다. 절대 아닙니다. 제가 하는 일은 오직 이 책의 메시지를 설명하는 것입니다. 제 권위의 근거는 이 책에 있습니다. 이 책을 떠나 제가 하나님에 대해 알게 된 사실은 단 한 가지도 없습니다. 물론 자연과 피조세계를 통해서도 하나님을 유추할 수 있지만—저는 피조세계가 하나님의 존재와 실존을 보여 주는 증거라고 생각합니다—그것만으로는 충분치 않습니다. 피조세계만 보고 하나님의 성품까지 알 수는 없습니다. 바울이 로마서에서 말하듯 피조세계에서 하나님의 영원한 능력과 신성은 어느 정도 찾아볼 수 있지만(롬 1:20), 그런 방법으로 하나님 자신까지 알 수는 없습니다. 그저 미지의 하나님을 떠올릴 뿐입니다. 역사와 자기 자신을 이해하고 소망을 찾으려면 하나님을 알아야 합니다. 그런데 하나님이 기꺼이 자기 자신—자신의 성품과 인격과 목적과 생각과 행동—을 계시해 놓으신 이 책을 떠나서는 그를 알 길이 없습니다.

우리는 여기에서 한 가지 패턴을 발견하게 됩니다. 하나님이 오랫동안 세상을 방치하시는 듯합니다. 그러다가 나타나 무언가를 행하시고, 개입하시며, 말씀하십니다. 창세기 6장이 그 예입니다. 다시 말하지만 복음 메시지는 하나님이 지금도 동일하시다고, 침묵하시는 것 같지만 분명히 계신다고, 그의 목적은 절대 흔들리지 않는다고 말합니다. 역사를 보면 이 점에 주목하게 만드는 결정적인 시기들이 있습니다. 그것은 하나님이 우리를 위해 꽂아 두신 푯말입니다. 하나님은 사랑과 긍휼로 그 푯말을 꽂아 두셨습니다. 우리는 둔한 데다 잘 잊어버리기 때문에 이렇게 강제적으로 상기시켜 주실 필요가 있습니다. 길을 가리켜 주시고 지시해 주실 필요가 있습니다. 그래서 대홍수나 소돔과 고모라의 멸망이나 예루살렘 멸망이나 바빌론 유수 같은 엄청난 사건들, 대사건들이 있는 것입니다. 성경의 기록과 역사를 보면 이런 사건들이 불쑥불쑥 솟아 있는 것을 알 수 있습니다. 어떤 의미에서 이것들은 전부 같은 사건입니다. 전달하는 메시지가 동일하기 때문입니다. 그 교훈을 배우는 것이 무엇보다 중요합니다.

그렇다면 대홍수가 주는 교훈은 무엇일까요? 대홍수가 정말 일어났느냐 아니냐 하는 문제를 붙들고 씨름할 생각은 없습니다. 저는 대홍수가 정말 일어났다고 믿으며, 그렇게 믿는 이유 또한 얼마든지 제시할 수 있습니다. 물론 무슨 반대의견들이 있는지 익히 알고 있고, 그들의 주장도 이미 살펴보았습니다. 그럼에도 저는 이것이 실제 있었던 역사라고 주장하는 바입니다. 그 이유를 한 가지만—이 한 가지 이유만으로도 그 사실성을 인정하기에 충분하다고 보는데—말씀드리겠습니다. 그것은 바로 예수 그리스도께서 친히 대홍수가 일어났다고 말씀하셨다는 것입니다. 그가 대홍수에 대해 무엇이라고 가르치셨는지 알려 드리겠습니다. 대홍수가 역사적 사건임을 부인하는 사람은 주 예수 그리스도의 진실성이라는 문제부터 해결해야 합니다.

창세기 앞부분을 함부로 무시하고 넘어가면 안 됩니다. 어떤 이들이 생각하듯이 그렇게 간단히 무시하고 넘어갈 수 있는 내용이 아닙니다. 그들은 "그런 건 이제 믿지 않는다. 과학이 이러저러한 것을 입증해 냈기 때문이다"라고 말합니다. 그러나 과학은 아무것도 입증하지 못했습니다. 이 말에 담긴 실제 의미는 '몇몇 과학자가 성경과 완전히 다른 견해를 밝혔다'는 것입니다. 그런데 그 견해는 순전한 가설과 추측에 불과합니다. 그런 견해로는 창세기 앞부분이 실제 역사인지 아닌지 입증할 수가 없습니다. 예수 그리스도는 대홍수를 실제 일어난 역사적 사건으로 믿으셨습니다. 그러므로 대홍수의 역사성을 부인하면서 예수 그리스도를 따를 수는 없는 노릇입니다. '대홍수와 그 밖의 일들이 역사적인 사건이냐 아니냐?' 하는 것은 관념적인 질문이 아닙니다. '나사렛 예수가 동정녀에게서 나셨고 기적을 행하셨으며 죽어 장사되었다가 말 그대로 몸으로 부활했다는 사실을 아느냐?' 하는 것이 실질적인 문제이듯이, 이 또한 실질적인 문제입니다. 실제로 있었던 이러한 사실들은 복음의 필수불가결한 요소입니다. 이런 일들이 일어나지 않았다면 복음은 존재하지 않았을 것입니다. 성경에는 많은 사실들이 나옵니다. 성경은 이런 사실들을 비웃으며 "주께서 강림하신다는 약속이 어디 있느냐?"라고 조롱하는 자들을 조심하라고 경고합니다(벧후 3:4).

이제 대홍수 이야기가 우리에게 무엇을 가르쳐 주는지 살펴봅시다. 다행히도 신약성경에 이에 대한 언급이 몇 군데 나오기 때문에, 우리끼리 이 문제와 씨름할 필요가 없습니다. 예컨대 누가복음 17장에서 주님은 이렇게 말씀하십니다.

노아의 때에 된 것과 같이 인자의 때에도 그러하리라. 노아가 방주에 들어가던 날까지 사람들이 먹고 마시고 장가들고 시집가더니 홍수가 나서 그들을 다 멸망시켰으며(26-27절).

히브리서 11장에도 대홍수 이야기가 나옵니다. 위대한 구약 성도들의 전시관이라 할 만한 11장에서 읽게 되는 말씀은 이것입니다.

믿음으로 노아는 아직 보이지 않는 일에 경고하심을 받아 경외함으로 방주를 준비하여 그 집을 구원하였으니 이로 말미암아 세상을 정죄하고 믿음을 따르는 의의 상속자가 되었느니라(7절).

베드로전서도 대홍수를 언급하고 있습니다. 베드로는 주 예수 그리스도께서 "육체로는 죽임을 당하시고 영으로는 살리심을 받으셨으니 그가 또한 영으로 가서 옥에 있는 영들에게 선포하심이라. 그들은 전에 노아의 날 방주를 준비할 동안⋯⋯복종하지 아니하던 자들이라"라고 말합니다(벧전 3:18-20). 그리고 연이어 기독교의 구원을 노아와 그 가족을 구원한 방주에 비유해서 설명합니다.

마지막 언급은 베드로후서에서 찾아볼 수 있습니다. 사도는 "주께서 강림하신다는 약속이 어디 있느냐?"라고 조롱하는 자들의 문제를 다룹니다(벧후 3:4). 그들이 조롱하는 요지는 이것입니다. "주 예수 그리스도가 세상을 심판하러 세상에 다시 온다더니, 그가 지금 어디 있지? 세월이 이렇게 흐르도록 안 나타나잖아. 이젠 그런 말에 겁먹지 않아. 그런 가르침은 믿지 않는다고. 약속이 이루어지긴 뭐가 이루어져?"

베드로는 말합니다. "아, 잠깐, 대홍수 때 사람들도 너희와 똑같았다. 노아의 설교를 비웃고 조롱했다. 그런데 결국 홍수는 일어났다." 그는 연이어 심판이 올 것이라고 말합니다. 물론 홍수가 일어나지는 않을 것입니다. 하나님은 물로는 다시 세상을 멸망시키지 않겠다고 약속하셨고, 그 표시로 하늘에 무지개를 주셨습니다. 그러나 이처럼 물로는 멸망시키지 않아도 죄는 처리하실 것이며, 심판하실 것입니다. 장차 마지막 대격변이 일어나면 그 맹렬한 불길에 모든 물질이 타서 녹아내릴 것입니다.

이러한 신약의 언급들을 참고하면서, 다시 옛 역사로 돌아가 봅시다. 이 사건이 주는 메시지가 무엇입니까? 일반적인 메시지와 특별한 메시지로 나누어 살펴봅시다. 첫 번째 메시지를 오래 다루지는 않겠지만, 잠깐 주목하고 넘어갈 필요가 있습니다.

이 사건이 주는 일반적인 메시지는 모든 재앙의 원인이 죄에 있다는 것입니다. 하나님은 세상을 완벽하게 만드셨습니다. 남자와 여자를 낙원에서 살게 해 주셨습니다. 그들이 순종했다면 계속 그렇게 살았을 것입니다. 전쟁 같은 것은 일어나지 않았을 것입니다. 하나님을 즐거워하고 삶을 즐거워하면서, 아무 방해 없이 순탄하게 살았을 것입니다. 우리도 알고 있지 않습니까? 전쟁이 일어나는 이유가 무엇입니까? 전쟁보다 어리석고 비상식적이며 허탄하고 인간의 운명을 위협하는 일이 또 있습니까? 전쟁은 모든 면에서 끝도 없이 문제를 일으키는 재앙입니다. 대체 이런 전쟁이 어디에서 비롯되었을까요? 성경은 죄에서 비롯되었다고 말합니다. 가인은 시기심 때문에 동생 아벨을 죽이기로 결심했습니다. 그 죄가 들어오면서 전쟁이라는 결과물이 나타났습니다. 그렇습니다. 그 결과는 지금도 삶의 모든 관계에 나타나고 있습니다. 모든 재앙은 죄의 결과물입니다. 죄가 없었다면 재앙도 없었을 것입니다.

첫 번째 원리와 똑같이 분명한 두 번째 원리는 죄에 대한 형벌로 재앙을 주실 때가 있다는 것입니다. 대홍수가 주는 전적인 메시지가 바로 이것입니다. 홍수를 일으키기로 작정하신 분은 다름 아닌 하나님입니다. 하나님이 "내가 홍수를 땅에 일으"키겠다고 하셨습니다(창 6:17). 세상의 전반적인 상태를 보시고 고의적으로 홍수를 일으키기로 작정하셨습니다. 그가 늘 이렇게 하시는 것은 아닙니다. 앞서 말했듯이 아주 긴 기간, 때로는 천 년에 이르는 긴 세월 동안 마치 참고 계시는 듯 아무 일도 일어나지 않을 때가 있습니다. 사람들이 제멋대로 살도록 내버려 두면서 아무 조처도 취하시지 않는 것처럼 보이는 시기가 있습니다. 그럴 때 사람들은 조롱합니다. "너희 하나님이 대체 어디 있다는 거야? 하나님이 할 수 있는 일이 있기는 한 거야? 그렇다면 왜 그 일을 안 하는 거지? 그렇게 전능하다면서 말이야. 우린 하나님 같은 건 생각하지도 않아. 싹 무시해 버리지. 우리 맘대로 살아도 별 탈 없는걸. 오히려 만사형통이라니까."

시편기자가 말한 그대로입니다. "네가 나〔하나님〕를 너와 같은 줄로 생각하였도다"(시 50:21). 우리는 하나님의 길을 알지 못합니다. 이사야는 "이는 내 생각이 너희의 생각과 다르며 내 길은 너희의 길과 다름이니라. 여호와의 말씀이니라"라고 말합니다(사 55:8). 하늘이 땅보다 높듯이, 그의 생각과 길은 우리의 생각과 길보다 한없이 높습니다. 우리의 이해 수준을 훌쩍 뛰어넘습니다. 여기에서 하나님이 주시는 교훈은, 평소에는 사람들을 내버려 두시다가 그 죄가 최고 수위에 이르면 행동하신다는 것이라고 생각합니다. 홍수 때 하신 일이 그것이었습니다.

같은 책인 창세기 뒷부분을 보면 "아모리 족속의 죄악이 아직 가득 차지" 않았기 때문에 하나님이 행동하시지 않는다는 말이 나옵니다(창 15:16). 그들의 죄악이 가득 차면 행동하시겠다는 것입니다. 알다시피 하나님은 니느웨 성에 대해서도 오래 참으시며 요나를 보내 주셨습니다. 이처럼 하나님은 기다리십니다. 행동을 미루고 호소하십니다. 그런데도 사람들은 꿈쩍하지 않습니다. 그렇게 시간이 흐르고, 마침내 때가 되면 하나님이 행동을 개시하십니다. 구약성경이 이스라엘 자손과 관련하여 우리에게 주는 중대한 교훈이 바로 이것입니다. 하나님은 율법을 주시면서, 순종하면 복을 받고 불순종하면 벌을 받는다고 하셨습니다. 그들은 죄를 짓고 불순종했습니다. 그래서 금방 무슨 일이 생길 줄 알았더니 아무 일도 생기지 않았습니다.

이스라엘 자손은 "별 탈 없잖아" 하면서, 계속 죄를 지었습니다. 하나님은 사자를 보내서 경고하셨습니다. 그러나 그들은 아랑곳하지 않고 계속 죄를 죄었습니다. 또 다른 사자가 왔지만 신경 쓰지 않았습니다. 결국은 "시온에서 맘 편히 살자. 아무 문제 없다"라고 말하기에 이르렀습니다. 그때 돌연 하나님이 행동을 개시하셨습니다.

이것이 구약의 메시지이며, 구약 전체의 역사입니다. 주후 70년, 그 역사는 무서운 절정에 이르렀습니다. 예루살렘이 무너지면서 이스라엘 민족과 백성이 각 나라로 흩어진 것입니다. 이것이 하나님의 원리입니다. 매번 즉각적으로 행동하시지는 않습니다. 그러나 그의 때가 되면 행동하십니다.

세 번째 일반적인 원리는 이것입니다. 역사에 나타난 각각의 재앙들은 최종적인 재앙을 미리 보여 주는 그림, 장차 임할 재앙을 가리키는 그림에 불과합니다. 이것은 제 이론이 아니라 성경의 가르침입니다. 성경은 하나님이 죄를 벌하신다고 선언합니다. 죄송하지만 이것은 제 마음에 드는 말도 아니고 제 머리에 떠오른 생각도 아니라는 점을 거듭 밝혀야겠습니다. 성경의 전적인 메시지는 '하나님은 공평하시고 거룩하시며 의로우시고 순결하시다'라는 것입니다. 그렇기 때문에 제가 하나님은 죄를 벌하셔야만 한다고 서슴없이 말하는 것입니다. 그는 자신을 부인하실 수 없습니다. 자신의 본질과 성품을 거스르실 수 없습니다. 하나님과 죄는 영원히 양립 불가능합니다. 그렇기 때문에 죄를 벌하겠다고 선언하시는 것입니다. 그는 죄를 벌하십니다. 각 개인의 죄를 벌하십니다. 집단의 죄를 벌하십니다. 온 세상의 죄를 벌하십니다. 이것이 이 사건이 주는 일반적인 메시지입니다.

특별히 덧붙일 말이 있습니다. 하나님은 왜 이렇게 죄를 벌하시는 것일까요? 죄가 야기하는 것, 죄가 만들어 내는 결과 때문입니다. 하나님은 옛 세상을 멸하겠다고 선언하셨습니다. 그 이유가 무엇입니까? 5절에 답이 나옵니다. "여호와께서 사람의 죄악이 세상에 가득함과 그의 마음으로 생각하는 모든 계획이 항상 악할 뿐임을 보시고"(창 6:5). 이것이 하나님이 행동하신 이유입니다. 하나님은 세상의 악이 얼마나 큰지 보셨습니다. 그러면 항상 형벌이 인하게 되어 있습니다.

오해하지 말기 바랍니다. 창세기 6장의 묘사가 오늘날 세상의 모습과 완전히 일치한다고 말하는 것이 아닙니다. 물론 일치할 수도 있습니다. 작금의 세상이 당시와 얼마나 흡사한지는 하나님만

이 아실 것입니다. 어쨌든 저는 지금 세상의 종말이 임박했다고 말하는 것이 아닙니다. 물론 임박했을지도 모릅니다. 그에 대해 뭐라고 단언할 수는 없습니다. 저는 지금 이 시대와 시기를 분별하노라 주장하는 것이 아닙니다. 제가 아는 바는 오직 종말이 다가오고 있다는 것뿐인데, 이것은 성경이 밝히는 원리입니다. 하나님은 죄악이 최고 수위에 이를 때까지 참으시다가, 최고 수위에 이르면 행동을 개시하십니다. 저의 유일한 요청은 그 증거를 심각하고 진지하게 직시하라는 것입니다. 하나님은 사람의 죄악이 세상에 가득한 것을 보시고 홍수를 일으키셨습니다.

또한 하나님은 "그[인간]의 마음으로 생각하는 모든 계획이 항상 악"한 것을 보셨습니다(5절). 이것은 사람들이 잘못을 저질렀을 뿐 아니라 그것을 즐기고 자랑했다는 뜻입니다. 행동만 악했던 것이 아니라 마음과 상상력과 정신까지 악했다는 뜻입니다. 세속 역사를 보면 악한 짓을 해도 정신까지는 극악해지지 않은 시대가 있고, 정신까지도 극악해진 시대가 있습니다. 홍수 때는 어떤 이의 표현처럼 죄악의 새 지평이 열렸다고 할 정도로 사태가 심각했습니다. 마음 자체가 악마적이었습니다. 사람들은 모든 힘과 능력을 왜곡하면서까지 죄에 탐닉했습니다.

세상은 늘 죄를 짓게 마련입니다. 백 년 전에도 죄를 많이 지었고, 빅토리아 시대 사람들도 벌 받을 짓을 했습니다. 그 시대도 어두웠으며 부도덕했습니다. 맞습니다. 그러나 그 당시와 요즘은 현격히 다르다는 사실을 여러분도 인정할 것입니다. 정신과 상상력의 영역만 보아도 알 수 있지 않습니까? 예컨대 빅토리아 시대 소설과 오늘날의 소설이 얼마나 다른지 주목해서 본 적이 있습니까? 그때는 지금처럼 추잡한 내용이 없었습니다. 새로운 경향이 생겨났습니다. 상상력과 정신과 사고와 마음이 추락하고 있습니다. 음악의 질이 떨어지고 있습니다. 원시적이고 외설적으로 바뀌고 있습니다. 예전처럼 깨끗하지가 않습니다. 모든 것이 왜곡되고 비틀려 있습니다. 문학도 마찬가지이고, 미술도 마찬가지입니다. 백 년 전의 미술과 오늘날의 미술을 비교해 보십시오. 이렇게 새로운 경향이 생겨난 이유가 무엇입니까? 상상력과 정신과 마음이 계속 악해지고 있기 때문이 아닙니까? 홍수 때도 그랬습니다. 죄와 악이 넘쳐났고, 악독과 악덕이 넘쳐났습니다.

창세기 6:11은 말합니다. "그때에 온 땅이 하나님 앞에 부패하여 포악함이 땅에 가득한지라." 그들은 "부패"했습니다. 오염되었습니다. 추잡해졌고 더러워졌습니다. 큰 상상력을 발휘하지 않아도 눈앞에 선히 그려지지 않습니까? 로마서 1장 후반부에도 동일한 묘사가 나옵니다. 홍수 때처럼 세상이 심히 부패했던 시기들이 있습니다. 소돔과 고모라도 저속했고 부패했으며 포악했습니다. 11절 말씀은 폭력으로 빼앗고 훔치며 죽였다는 뜻일 뿐 아니라 죄 없는 사람을 공격하고 자기 속에 있는 정욕과 탐욕 등을 포악하게 표출했다는 뜻입니다. 이 또한 현대세계와 그리 먼 이야기가 아니지 않습니까? 세상은 50년 전보다 훨씬 더 포악해졌습니다. 물론 폭력은 늘 있었지만, 요즘처럼 만연하지는 않았습니다. 생활방식

자체가 소란하고 거칠고 냉혹하며 험악해졌습니다. 주변에 늘 폭력이 있습니다. 이제는 더 이상 예전처럼 싸우지 않습니다. 한 번에 수천 명, 아니 수백만 명까지 죽일 수 있는 강력한 폭탄을 사용합니다. 포악함! 그때도 포악함이 땅에 가득했고, 지금도 포악함이 땅에 가득합니다.

이 모든 일이 문제가 되는 것은 하나님이 지켜보고 계시기 때문입니다. "그때에 온 땅이 **하나님 앞에** 부패하여 포악함이 땅에 가득한지라." 죄의 본질이 바로 이것입니다. 하나님 앞에서 이 모든 죄를 지으면서도 세상은 그를 무시했습니다. "하나님은 없어. 하나님이 있다 해도 상관없고. 하나님이 할 수 있는 일이 뭐가 있겠어? 하나님은 아무 힘도 없고 능력도 없어"라고 했습니다. 그래서 하나님의 목전에서, 하나님이 내려다보고 계시는데도—그들은 이것을 믿지 않았습니다—계속 멋대로 살았습니다. 바로 그럴 때 하나님이 행동을 개시하십니다. 바로 그럴 때 재앙이 일어납니다. 이처럼 세상이 어그러질 때에야 비로소 사람들은 겁을 먹고 무서워하면서 "대체 무슨 일이 일어나려고 그러지?" 하고 묻기 시작합니다.

주님이 홍수시대에 대해 지적하신 말씀을 잊지 맙시다. "사람들이 먹고 마시고 장가들고 시집가고 있으면서 홍수가 나서 그들을 다 멸하기까지 깨닫지 못하였으니"(마 24:38-39). 주님이 묘사하시는 모습이 어떤 것인지 알겠습니까? 완전히 물질주의적인 시각으로 사는 모습입니다. 먹고 마시는 일, 장가들고 시집가는 일을 인생의 전부요 세상의 전부로 여기는 모습입니다. 이런 일을 최대한 잘하자는 것입니다. 이런 일만을 위해 살자는 것입니다. 하나님 이야기는 집어치우라는 것입니다. 영원에 대해 말하지 말라는 것입니다. 죽음에 대해 말하지 말라는 것입니다. 심판에 대해 말하지 말라는 것입니다. 오직 현재만을 위해, 즐거움과 행복만을 위해 살자는 것입니다. 이것이 당시의 모습이자 현재의 상황입니다. 주님은 홍수시대 사람들이 그렇게 살았기 때문에 하나님이 심판하셨다고 했습니다. 그들은 순전히 세속적인 차원에서 살았습니다. 자신들만을 생각했고, 자신들만을 위해 살았습니다. 그들의 소원은 실컷 먹고 마시는 것이었습니다. "더 많이 벌어서 즐기자. 무슨 일이 생기든 상관없다. 한 날 괴로움은 그날에 족하니, 그냥 먹고 마시며 즐기자."

이 말씀을 굳이 우리 시대에 적용하지는 않겠습니다. 여러분이 각자 알아서 적용하기 바랍니다. 그러나 무섭고 가공할 만한 유사성이 있다는 점은 짚고 넘어가지 않을 수가 없습니다. 전쟁 이후 세대인데도 어쩌면 그렇게 무심한지 모릅니다. 세계대전을 두 차례나 겪었으면 정신을 차릴 법도 하지 않습니까? "계속 이렇게 살아선 안 된다. 무언가 잘못된 것이 있다. 그것이 대체 무엇일까?" 하며 곰곰이 생각할 법도 하지 않습니까? 그런데 지금 사람들이 그렇게 합니까? 라디오나 텔레비전 프로그램을 볼 때 그렇게 하는 것 같습니까? 끔찍한 원폭 투하와 함께 제2차 세계대전이 끝난 지 이제 막 10년이 지났습니다. 그런데도 사람들은 온통 딴 데 정신을 팔고 있습니다. 먹고 마시고 멋대로 즐기며 코미디언의 농담에 웃음을 터뜨리고 있습니다. "정말 재미있군! 아무 문제 없으니 우린 즐기면 그만이야. 돈이 술술 들어오고 있는데 뭐가 걱정이야. 괜히 경고나 하는 이들도 있지만 귀담아 들을 필요 있겠어? 굳이 흥을 깨뜨릴 필요가 있겠냐고? 계속 이렇게 살면 돼." 이것은 창세기 6장에 나오는 것과 똑같은 마음상태입니다.

이런 상태가 될 때, 하나님은 행동을 개시하십니다. 당시 상황을 보신 하나님은 그들에게 경고하셨습니다. 그 말씀을 들어 보십시오. "나의 영이 영원히 사람과 함께하지 아니하리니 이는 그들이 육신이 됨이라. 그러나 그들의 날은 백이십 년이 되리라"(창 6:3). 무슨 뜻일까요? 자, 이것은 그들과 똑같은 상태에 있는 자들에게 공히 해당되는 경고입니다. "자, 이제는 더 이상 너희를 말리지 않겠다. 더 이상 참고 있지도 않겠다. 120년을 더 주마. 그래도 회개하지 않으면 행동을 개시하겠다."

본문은 하나님이 "내가 그것들을 지었음을 한탄함이니라"라고 말씀하셨다고 하는데, 이것은 신인동형론적인 표현입니다(7절). 즉, 하나님이 우리가 이해할 수 있는 방법으로 마음을 표현하신 것입니다. 사실 하나님은 한탄하시지 않습니다. 하나님의 마음은 바뀌지 않습니다. 그런데 왜 이런 표현을 쓰셨을까요? 우리를 이해시키시기 위해서입니다. 하나님은 이 표현을 사용하여 심판을 선언하셨습니다. 사람들에 대한 생각을 밝히셨습니다. 그런 삶을 얼마나 싫어하고 혐오하는지 보여 주셨습니다.

이처럼 하나님은 죄인을 경고하십니다. 항상 경고하십니다. 개인도 경고하시고, 세상도 경고하십니다. 우리 속에는 양심이라는 것이 있습니다. 유혹이 찾아올 때마다 그 양심이 우리에게 말을 걸고 경고를 합니다. 아무 경고 없이 죄를 짓는 경우는 없습니다. 절대 없습니다. 양심은 유혹에 굴복하면 어떻게 되는지 알려 줍니다. 그걸 알면서도 죄를 짓는 것입니다. 하나님은 우리를 치시기 전에 항상 경고하십니다. 성경은 굉장한 경고의 책입니다. 성경은 의로우신 하나님이 우리 한 사람 한 사람을 심판하시며 "정하신 사람—하나님의 아들, 우리 주와 구주 되신 예수 그리스도—으로 하여금 천하를 공의로 심판"하실 것이라고 경고합니다(행 17:31).

사랑하는 여러분, 그 경고를 듣고 있습니까? 그 경고의 메시지를 무시한 채 계속 이대로 살겠습니까? 종전기념일은 우리가 죽을 인생임을 일깨워 주는 날입니다. 짧은 생이 끝나고 곧 죽음이 찾아올 것을 일깨워 주는 날입니다. 여러분은 언젠가 이 세상을 떠나야 합니다. 그러면 어디로 갈 것 같습니까? 어떤 세계로 갈 것 같습니까? 하나님은 경고하십니다. 홍수의 기록으로 경고하십니다. 성경 전체의 가르침으로 경고하십니다. 여러분은 하나님 앞에 서서 의의 심판을 받아야 합니다.

하나님은 그 당시 사람들도 경고하셨습니다. 그렇게 경고하시면서 회개를 촉구하셨습니다. 그리고 노아에게 방주를 짓게 하셨습니다. 그것은 120년의 시간이 필요한 엄청난 일이었습니다. 노아가 처음 일을 시작했을 때 사람들은 "이봐, 뭐하는 거야?" 하고 물었습니다. 노아는 아마 이렇게 대답했을 것입니다.

"전부 회개하지 않으면 하나님이 심판하실 걸세. 곧 물로 세상을 덮어 버릴 테니, 방주를 지어 나와 내 가족의 목숨을 구하라고 하셨다네."

사람들은 그 말을 농담 중의 농담으로 여겼습니다. 정말 딱한 노릇이라고 생각했습니다! 10년 후에 사람들은 다시 물었을 것입니다.

"노아, 아직도 그 말을 믿나? 10년이나 지났는데 아무 일도 없잖나."

20년째도, 30년째도, 40년째도, 100년째도, 110년째도, 119년째도 같은 상황이 벌어졌습니다. 사람들은 "정말 웃기지 않아?" 하며 노아를 비웃었습니다.

노아는 방주를 짓는 내내 설교하며, 여러 말로 권면했습니다. 그래서 베드로후서 2:5에 "의를 전파하는 노아"라는 표현이 나오는 것이며, 이미 인용한 베드로전서 3:18-20에도 그리스도께서 홍수가 일어나기 전에 노아를 통해 영으로 전파하셨다는 말이 나오는 것입니다. 노아는 경고했습니다. 하나님의 말씀을 전했습니다. 회개하지 않으면 세상을 멸하실 것이라고 말했습니다. 회개하고 믿을 것을 촉구했습니다. 자신이 솔선하여 회개하고 믿었으며 방주를 지었습니다. 하나님의 지시를 일일이 준행했습니다. "노아가 그와 같이 하여 하나님이 자기에게 명하신 대로 다 준행하였더라"(창 6:22).

그런데도 사람들은 아랑곳하지 않았습니다. 예수는 그들이 먹고 마시고 장가들고 시집가면서도 자신들이 무슨 짓을 하는지 "깨닫지 못하였"다고 하셨습니다(마 24:39). 그들은 아무 일도 없는 듯 살았습니다. 표적을 보지 않았습니다. 노아를 믿지 않았습니다. 방주를 눈여겨보지 않았습니다. 앞서 말했듯이, 그 끔찍한 전쟁을 두 차례나 겪고서도 정신을 못 차리는 사람들을 보면 놀랍기도 하고 두렵기도 합니다. 사람들은 전혀 달라지지 않은 것 같습니다. 오히려 전보다 더 쾌락에 몰두하고 있습니다. 요즘처럼 영국이 자기만족에 빠진 적이 없습니다. 지금 영국은 여유를 부리고 있습니다. 호시절을 보내고 있습니다. 굉장한 번영을 구가하고 있습니다. 여유가 있는 사람이든 없는 사람이든 쾌락을 추구합니다. 형편이 되지 않아도 신용카드로 구매합니다. 먹고 마시고 장가들고 시집 갑니다. 경고를 무시하며 하나님의 소리에 콧방귀를 뀝니다. 그러나 그 사이에도 하나님의 심판은 진행되고 있습니다. "홍수가 나서 그들을 다 멸하기까지 깨닫지 못하였"다고 하나님의 아들은 말씀하셨습니다.

여러분과 제가 하나님의 경고를 무시한다고 해서 그의 계획에 차질이 생기는 것은 아닙니다.

하나님의 맷돌은 천천히 돌지만
확실히 돈다.
　―프리드리히 폰 로가우Friedrich von Logau

"주께는 하루가 천 년 같고 천 년이 하루 같다는 이 한 가지를 잊지 말라"(벧후 3:8). 우리가 보기에는 하나님이 주무시는 것 같습니다. 오랜 세월이 흐르도록 꼼짝도 하시지 않는 것 같습니다. 세상은 하나님이 아무것도 못한다고 조롱합니다. 그러나 홍수는 일어났습니다. 소돔과 고모라는 멸망했습니다. 이스라엘 자손은 원수들에게 패하여 잡혀갔습니다. 성은 무너졌고 백성들은 각 나라로 흩어졌습니다. 이 모든 사건을 통해 하나님은 지금 우리에게 경고하고 계십니다.

저는 하나님이 세상의 현 상태와 전쟁의 재앙을 통해서도 현대인들에게 경고하고 계신다고 믿습니다. 하나님은 이 모든 일을 우리에게 보여 주셨습니다. 그럼으로써 피할 수 없는 심판, 아무도 피할 수 없는 최후의 심판이 다가오고 있음을 일깨우셨습니다. 홍수가 일어난 것이 확실하듯이, 그리스도가 베들레헴에 아기로 태어나신 것이 확실하듯이, 그가 부활하신 것이 확실하듯이, 다시 오셔서 의로 세상을 심판하시는 일도 확실히 이루어질 것입니다. 심판이 임할 것입니다. 반드시 임할 것입니다. 하나님은 맹세로 그것을 보장하셨습니다.

탈출구는 하나뿐입니다. 창세기 6:7-8을 보십시오.

이르시되 내가 창조한 사람을 내가 지면에서 쓸어버리되 사람으로부터 가축과 기는 것과 공중의 새까지 그리하리니 이는 내가 그것들을 지었음을 한탄함이니라 하시니라. 그러나 노아는 여호와께 은혜를 입었더라.

노아는 재앙에 휩쓸리지 않고 안전하게 구원받았습니다. "은혜를 입었"습니다. 어떻게 은혜를 입었습니까?

9절에 그 답이 나옵니다. "노아는 의인이요 당대에 완전한 자라. 그는 하나님과 동행하였으며." 이것이 비결입니다. 노아와 다른 사람들의 차이점이 있다면 하나님의 말씀을 믿었다는 것입니다. 노아는 하나님이 자신을 찾아와 하신 말씀을 믿었습니다. 그래서 베드로가 그를 "의를 전파하는 자"라고 말한 것입니다. 그래서 히브리서 11장이 "믿음을 따르는 의의 상속자"라고 말한 것입니다(7절). 그의 성품으로 구원받은 것이 아닙니다. 하나님과 동행함으로 구원받은 것입니다. 이렇게 하나님과 동행했다는 것은 그의 인도에 자신을 맡겼다는 뜻이고, 그가 가시는 곳에 자신도 따라 갔다는 뜻이며, 그의 말씀을 듣고 있는 그대로 받아들였다는 뜻입니다. 하나님이 말씀하실 때 노아는 "믿습니다"라고 응답했습니다. 그래서 구원받은 것입니다.

사도 베드로는 노아가 방주에 들어가 물에서 구원받은 것처럼, 주 예수 그리스도를 믿고 그분 안에 들어가면 세상을 심판하시는 최후의 심판 날 진노에서 구원받는다고 말합니다(벧전 3:21). 그리스도는 방주입니다. 구주입니다. 피난처입니다. 하나님은 우리를 위해 이 방주를 지으셨습니다. 그를 믿고 들어가기만 하면 됩니다. 그러면 세상이 다 타서 녹아내리고 하나님을 대적하던 모든 것이 그 목전에서 영원히 멸망할 때에도 안전히 거할 수 있습니다.

이 모든 이야기의 결론은 이것입니다. 하나님을 믿으십시오. 지금 하나님을 믿으면 그 은혜가 여러분을 구원해 주고 건져 줄 것입니다. 하나님이 말씀하시는 것이 바로 이것입니다. 우리의 죄만 보면 홍수시대 사람들이 받은 벌이나 마지막 때 세상이 받을 벌과 같은 벌을 받아야 마땅합니다. 하나님은 온갖 모양과 형태의 죄에 심판을 선언하십니다. 하나님 앞에서 우리는 모두 죄인입니다. 탈출구는 하나뿐입니다. 그 말씀을 믿고 인정해야 합니다. 더 이상 변명하지 말아야 하며, 과학이나 지식이나 다른 수단으로 반발하지 말아야 합니다. 하나님의 분명한 말씀, 나에 대한 말씀, 나를 죄인이라고 하시는 말씀을 노아처럼 믿고, 고백하고, 인정해야 합니다. 하나님 앞에서 회개해야 합니다. 그뿐 아니라 방주를 예비해 놓았다는 말씀, 독생자를 보내 나의 죄와 벌을 담당케 하셨다는 말씀도 믿어야 합니다. 그 말씀을 믿고 아들 안에 들어가면 모든 죄를 도말해 주십니다. 이 세상에서 살 때에도 안전하게 지키시고, 죽을 때에도 안전하게 지키시며, 영원토록 안전하게 지키십니다.

"그러나 노아는"(창 6:8). 여러분에게도 이 말이 해당됩니까? 여러분은 노아와 그 가족 편에 서 있습니까? 믿음의 자녀가 되었습니까? 하나님을 믿고 있습니까? 그러면 여러분에게도 "그러나"라는 말이 해당될 것입니다. 하나님의 은혜가 여러분을 구속하고 구원할 것입니다. 마지막 재앙이 찾아와 세상이 다 녹아내려도 여러분은 예수의 품안에서 안전히 거할 것이며, 무한한 영광 가운데 거

할 것입니다. 하나님이 우리 눈을 열어 대홍수가 전하는 이 메시지
를 깨닫게 하시기를 원합니다.

바벨, 인간의 비극 8

온 땅의 언어가 하나요 말이 하나였더라. 이에 그들이 동방으로 옮기다가 시날
평지를 만나 거기 거류하며.   창세기 11:1-2

창세기 앞부분을 연구하면서 우리가 전적으로 주장했던 바는, 성경이 삶과 동떨어진 책이기는커녕 삶을 있는 그대로 다루는 유일한 책이요, 이 시대에 반드시 직시해야 할 여러 가지 질문에 충분히 답이 될 만한 이야기를 해 주는 유일한 책이라는 것이었습니다. 세상이 이 지경이 된 이유가 무엇입니까? 이것은 기본적인 질문입니다. 세상에 이런 혼동과 혼란과 불일치와 오해가 있는 이유, 그 결과 불행하고 고통스럽고 비참한 이유가 무엇입니까?

원인을 분명하게 파악하지 못한 상태에서 아무리 처방을 고민해 봐야 소용이 없습니다. 이것은 자명한 사실입니다. 아무리 어리석은 사람도 진단 없이 증상만 가라앉히면 된다고 하지는 않을 것입니다. 증상에 맞는 약만 주어 통증만 잠시 가라앉히고 증상을 일으킨 병 자체를 무시하는 의사는 완전히 정신이 나간 사람이요, 아주 정직하지 못한 사람입니다. "오, 원인이나 이유가 뭐가 되었든 상관없어요. 당장 아파 죽겠으니 어떻게 좀 해 봐요"라고 말하는 이들이 간혹 있습니다. 사교집단이나 그와 경쟁하는 여러 철학과 가르침들을 섭렵하며 차례차례 실망하는 사람들이 바로 그런 사람들입니다. 그렇게 나비처럼 이리저리 날아다니면 실망을 피할 수가 없습니다. 지혜의 핵심은 문제의 원인을 찾는 것입니다. 우리 마음에 들든 들지 않든, 성경이 항상 강조하는 점이 이것입니다.

우리는 하나님이 인간을 완벽하게 만드셨음에도 인간이 반역함으로 문제가 생겼다는 사실을 알았습니다. 그 이야기가 창세기 3장에 나옵니다. 그러나 감사하게도 3장이 끝나기 전에, 인간이 망쳐 놓은 현장 한가운데 하나님이 찾아와 구원의 약속과 메시지를 주시는 모습을 보게 됩니다. 역사의 비극—현 세상의 비극—은 하나님이 제안하신 그 구원을 인간이 본 척도 하지 않는다는 데 있습니다. 내용도 없고 권위도 없는 온갖 허황된 가르침은 다 붙잡고 의지하면서, 유독 이 책의 가르침만 믿지 않습니다. 편견, 치명적인 편견에 사로잡혀 한꺼번에 일축해 버립니다. 성경은 너무 오래 전 책이고 성경을 기록한 사람들은 우리처럼 많은 것을 몰랐기 때문에 당연히 틀렸을 것이라고 주장합니다.

인간은 파멸을 자초했고, 동산에서 쫓겨났습니다. 이후의 역사는 여러분도 알 것입니다. 하나님은 메시지를 주셨지만 인간은 또다시 그것을 외면하고 자기 생각을 좇아갔습니다. 지난번에 우리는 인간이 끔찍할 정도로 악하고 추잡한 삶을 살다가 대홍수라는 하나님의 무서운 심판을 받게 된 일을 살펴보았습니다. 하나님은 옛 세상을 멸하시면서 노아 가족 여덟 명만 건져 주시고 구해 주셨습니다.

인간은 홍수 이후에 새롭게 출발했으며, 새로운 기회를 얻었습니다. 그러나 슬프게도 창세기 6장부터 11장은 인간이 여전히 교훈을 배우지 못했다는 사실을 분명하게 보여 줍니다. 하나님을 향한 옛 적개심의 씨앗이 남아 똑같은 어리석음을 범하게 했습니다. 이처럼 세상은 늘 돌고 돕니다. 새로운 모습이 전혀 없습니다. 이것이 세상의 놀라운 점이요 경악할 만한 점입니다. 창세기를 살펴보면서, 우리는 매번 예외 없이 현대세계와 겹치는 모습을 볼 수 있었습니다. 다시 말해서 인간은 과거의 역사로부터 교훈을 배우지 못한다는 것입니다. 과거의 잘못을 여전히 반복한다는 것입니다.

이제 똑같이 긴요한 또 한 단계를 살펴볼 차례가 되었습니다. 성경의 주제를 다시 한 번 상기시켜 드리겠습니다. 성경의 주제는 '하나님은 자신의 구원 계획을 수행하시며 에덴동산에서 주신 약속을 이행하신다'라는 것입니다. 하나님은 여자의 후손과 뱀의 후손이 원수가 되어 쉼 없이 싸울 것과, 그 무서운 싸움은 여자의 후손이 뱀의 머리를 부수고 뱀의 후손은 그 발꿈치를 상하게 할 때 절정에 달할 것을 알려 주셨습니다. 성경은 거기까지 이르는 단계와 절차들을 보여 줍니다.

바벨탑의 엄청난 이야기가 기록된 창세기 11장에서 우리는 또 하나의 작은 절정 내지는 중대한 역사적 전환점을 만나게 됩니다. 하나님이 개입하시는 모든 역사가 중요하지만, 지금 저는 그 중에서도 유독 우리에게 특별한 의미를 갖는 두드러진 사건들을 골라서 다루고 있습니다. 11장은 국가 간에 혼란과 갈등이 빚어지는 이유를 설명합니다. 물론 이 설명은 나라 간의 갈등에만 해당되는 것이 아니라 나라 안의 갈등에도 해당됩니다. 우리는 한 나라로 다른 나라와 대치하고 있으며, 다른 나라도 우리와 대치하고 있습니다.

동시에 우리 안에도 갈등과 분열과 혼란이 있습니다. 창세기 11장은 특별히 나라 간의 관계를 조명하고 있지만, 적용되는 원리는 동일합니다.

이 메시지가 우리에게도 해당된다는 사실을 굳이 지적하지 않아도 알 것입니다. 지금 각 나라는 제네바에 모여 서로간의 불일치를 해결하기 위해 회담을 갖고 있습니다. 전에도 여러 차례 이런 회담을 열었고, 수년 동안 비슷한 노력을 기울였습니다. 어떻게 보면 이것이 곧 인류와 문명의 역사였다고도 할 수 있습니다. 이처럼 인간은 계속 갈등을 해결하고 서로 힘을 합치고자 노력해 왔지만, 뜻을 이룬 적은 없었습니다. 혼란과 거리감은 사라지지 않았고, 분열과 대립도 사라지지 않았습니다. 이것이 우리가 당면한 상황입니다. 이렇게 된 이유가 대체 무엇일까요? 그 기원이 대체 어디에 있을까요? 창세기 11장이 이 질문에 대답해 줍니다.

"잠깐, 요즘도 그것을 역사적 사실로 인정하길 바라는 건 아니겠지요? 그건 신화예요. 애들 이야기책에나 나올 법한 이야기지요. 바벨탑을 지으려는 시도 따위는 없었다고요"라고 말하는 분이 있을지도 모르겠습니다.

이렇게 말하는 분들에게 가장 먼저 할 말은, 이것은 학문적으로나 이해력의 측면에서나 시대에 한참 뒤떨어진 항의라는 것입니다. 이를테면 20년 전에나 나왔을 법한 항의입니다. 구약의 이야기들이 실제 역사가 아니라는 결론을 내렸던 50년 전에는 학자들이 **이런** 말을 했습니다. 선지서에는 간혹 실제 역사가 섞여 있을지 몰라도 창세기와 출애굽기는 당연히 실제 역사가 아니라고 했습니다. 다 상징적인 이야기라고 했습니다. 모세 같은 사람은 없었다고 했습니다. 아브라함 같은 인물도 없었다고 했습니다. 머리 좋은 저자들이 특정한 관점을 대변하는 이상적인 인물들을 만들어 냈다고 했습니다.

그런데 그 후에 아주 흥미로운 변화가 일어났습니다. 구약성경이 선풍적인 인기를 끌게 된 것입니다. 이것은 제 이론이 아니라 실제 사실이며, 구약성경을 다루는 많은 책들이 이미 입증한 사실입니다. 이른바 학자들도 구약성경에 새로운 관심이 생겨났음을 인정하고 있습니다. 그들도 구약성경이 모든 것을 이해하는 열쇠이자 오늘날 온 세상의 상황을 이해하는 열쇠임을 깨달은 것입니다. 고고학계의 잇따른 발견도 창세기 앞부분의 역사성을 구체적으로 확인해 주고 있습니다. 이것을 보면 참 놀랍습니다. 20년 전이라면 당연히 의심했을 일들을 요즘은 전부 사실로 인정하니 말입니다. 사실 인정하고 싶지 않아도 인정하지 않을 수가 없습니다. 고고학적 증거들이 엄연히 존재하기 때문입니다.

그런데 제가 볼 때 바벨탑 사건에는 이것 말고도 아주 흥미롭게 보이는 점, 지극히 중요한 점이 한 가지 있습니다. 그것은 이 사건이 언어의 혼란과 관련되어 있다는 것입니다. 오늘날 세상의 온갖 언어들을 보십시오. 이렇게 다양한 언어들을 몇 가지 기본 유형 내지 어족으로 묶을 수 있다는 사실을 압니까? 이것은 아주 매력적인 연구이니 한번 시도해 보기 바랍니다. 수많은 개별 언어들을 몇 가지 큰 어군語群으로 묶을 수 있습니다. 그것을 살펴보면 판이해 보이는 언어들의 유사성에 놀라게 됩니다. 예컨대 영어나 독일어가 속해 있는 인도-게르만 어족 또는 인도-유럽 어족처럼 큰 어족을 살펴보십시오. 많은 언어들의 뿌리가 같다는 데 깜짝 놀랄 것입니다. 셈 어족이나 중국어가 속한 어족도 마찬가지입니다. 이렇게 큰 기본 어족이 몇 가지 있습니다. 그러나 그 이상으로는 언어의 기원을 추적할 수가 없습니다. 바벨탑 시대—한 언어를 쓰다가 분열되어 사방으로 흩어진 때—를 기준으로 보면 약 75퍼센트 정도 추적해 냈다고 할 수 있습니다.

그러므로 창세기 앞부분의 메시지를 외면할 수 있다는 생각은 전혀 온당치 못합니다. 견실한 역사적 근거를 갖춘 증거들이 엄연히 존재하기 때문입니다. 좋습니다. 이제 이 사건이 주는 메시지를 주의 깊게 살펴봅시다. 바벨탑 사건, 바벨탑 이야기가 참으로 우리에게 가르치는 바가 무엇입니까? 먼저 일반적인 언급부터 한 후에, 구체적인 언급을 해 보겠습니다.

일반적인 메시지는 이 사건이 인간 비극의 본질을 보여 준다는 것입니다. "서로 말하되 자, 벽돌을 만들어 견고히 굽자 하고 이에 벽돌로 돌을 대신하며 역청으로 진흙을 대신하고"(창 11:3). 말이 난 김에 덧붙이자면, 여기에는 지질학적 관점에서 아주 흥미로운 사실—팔레스타인과 이집트 지역과 시날 평지의 차이—이 나오고 있습니다. 팔레스타인에는 돌이 있었지만, 시날 사람들은 벽돌을 따로 구워 건물을 지어야 했습니다.

제가 여러분의 주의를 환기시키고 싶은 요점은 이것입니다. 이 사건에 나타나는 인간의 비극이 무엇입니까? 벽돌을 만든 사람들을 보십시오. 그들은 요즘의 방법과 아주 흡사한 방법으로 벽돌을 만들었습니다. 필요한 흙, 진흙 같은 흙을 가져다가 벽돌 모양으로 빚어서 불에 구워 단단하게 만들었습니다. 그들이 어떻게 이런 방법을 알아냈을까요? 답은 한 가지뿐입니다. 진흙이 태양열을 받아 단단해지는 현상을 관찰한 것입니다. 진흙이 태양열을 받으면 점점 굳어 돌처럼 단단해집니다. 돌산이 없어 돌이 넉넉지 않았던 시날 사람들은 아마도 이 같은 태양의 작용을 지켜보다가 직접 돌을 만들 방법을 찾아냈을 것입니다. 그들은 이렇게 벽돌을 만들었습니다.

인간은 참 대단한 존재입니다! 관찰 끝에 이루어진 모든 발견을 생각해 보십시오. 인류 역사상 가장 놀랍고 인상적인 업적이 있다면 바로 이런 발견일 것입니다. 대부분의 치료법은 다 이런 발견에서 나왔습니다. 어떻게 특정 질병에 맞는 약이 생겨났을까 궁금하지 않습니까? 지난 150년간 심장기능 장애에 디기탈리스라는 약을 처방해 온 이유가 무엇일까요? 어떻게 그 약을 쓰게 되었을까요? 자, 언제인지는 모르지만 누군가 디기탈리스라는 식물을 우려낸 물을 마시고 부기가 가라앉는 모습을 관찰한 것입니다. 도대체 어떻게 그런 것을 관찰했을까요? 그래서 인간이 위대하다는 것입니다. 인간은 어떤 식으로든 관찰을 합니다. 알다시피 하나님은 인간에게 머리와 두뇌를 주셨습니다. 인간은 그의 형상에 따라 창조되었습니다. 관찰에 근거한 발견에는 이러한 인간의 비범한 능력과 성향이 반영되어 있습니다.

예방접종이 어떻게 시작되었는지도 보십시오. 언젠가 천연두가 무섭게 창궐했습니다. 그런데 에드워드 제너Edward Jenner라는 사람이 보니―관찰하니―젖 짜는 여자들이 거의 병에 걸리지 않았습니다. 그 이유를 찾던 제너는 여자들이 젖을 짜다가 소들의 젖통에 손이 감염되어 피부병―우두―에 걸리는 일이 잦다는 사실을 알게 되었습니다. 그는 답이 뻔히 나오는 질문을 던졌습니다. "천연두와 흡사한 우두가 여자들을 지켜 준 것은 아닐까?"

에드워드 제너는 다음 단계로 나아갔습니다. '좋다, 한번 시험해 보자'라고 생각한 것입니다. 그는 작은 우두를 짜내 천연두를 앓은 적이 없는 소년의 팔에 접종했습니다. 우두에 감염된 소년은 천연두에 걸리지 않았습니다. 이렇게 해서 백신이 발견되었습니다. 이런 일을 할 수 있는 피조물은 아주 뛰어난 존재인 것이 분명합니다. 오, 인간은 정말 위대합니다!

페니실린의 발견은 또 다른 예입니다. 페니실린은 알렉산더 플레밍 경Sir Alexander Fleming이 약간의 관찰 끝에 발견했습니다. 늘 그 자리에 있던 물질을 보고 생각하다가 발견한 것입니다.

시날의 고대인들도 진흙이 태양열을 받으면 단단해지는 현상을 관찰하다가 돌을 만드는 방법을 찾아냈습니다. "이 지역에는 돌이 없으니 우리가 직접 만들어 보자." 정말 대단하지 않습니까! 이렇게 대단한 인간이 사는 세상은 마땅히 완벽해야 합니다! 이런 존재,

이토록 엄청난 관찰과 추론과 실험과 발명을 할 줄 아는 존재들이 사는 세상이 잘못된다는 것이 말이 됩니까? 이 정도의 존재라면 마땅히 세상을 경영하는 법을 알아야 하며, 스스로 완벽해지는 법도 알아야 합니다. 세상의 모든 문제를 해결할 수 있어야 합니다.

그러나 실상은 그렇지 못하다는 사실을 굳이 지적하지 않아도 알 것입니다. 인간 비극의 전적인 본질이 여기 있습니다. 이제껏 말한 측면에서는 그토록 완벽한 인간이 자기 자신과 자기 삶, 자기 일을 경영하는 측면에서는 완전히 실패하고 있습니다. 그렇습니다. 벽돌은 굽고 디기탈리스는 찾아낼 줄 알아도, 자기 자신과 더불어 사는 법이나 다른 사람과 더불어 사는 법은 찾아내지 못하는 것입니다. 바벨탑 이야기의 표면에 드러나는 것이 바로 이 치명적인 모순입니다. 그러나 앞서 말한 것처럼 이것은 일반적인 메시지에 불과합니다. 이제 구체적인 메시지를 살펴봅시다. 본문의 핵심이 여기에 있습니다.

바벨탑 사건의 구체적인 메시지는 사람들이 삶을 생각할 때 하나님을 완강히 배제한다는 것입니다. 여기에 문제의 본질이 있습니다. 이 점이 바벨탑 사건에 어떻게 나타날까요? 성 쌓는 일을 통해 나타나고 있습니다. 위대한 성 아우구스티누스두 세상 여시를 같은 틀로 파악하지 않았습니까? 그는 「하나님의 도성 *The City of God*」이라는 강력한 책을 썼습니다. 그 책의 요점은 두 성—하나님의 성과 인간의 성—이 갈등하는 역사가 곧 인류의 역사라는 것입니다.

　그 갈등의 근원은 태초로 거슬러 올라갑니다. 맨 처음 성을 쌓은 자는 아담과 하와의 아들로 동생 아벨을 죽인 가인이었습니다. 이 사건이 우리에게 전하는 메시지는, 인간이 도시와 문명—성을 쌓으려는 시도가 확대되고 확장된 것이 문명입니다—을 통해 하나님에 대한 적개심을 표현한다는 것입니다. 그 갈등 관계를 살펴보면 아주 흥미롭습니다.

　그 갈등 관계가 어떻게 나타납니까? 자, 이 주제를 다루려면 문명의 개념부터 분석해야 합니다. **문명**이란 사실상 '인간이 힘을 합쳐 하나님을 배제하고 자기들끼리 삶을 꾸리려는 시도'입니다. 그 일은 바벨탑에서 처음 시작되었습니다. 그들은 "서로 힘을 합치자. 한데 뭉쳐 우리끼리 삶을 꾸려 보자"라고 했습니다.

　그러나 하나님의 명령은 아주 다른 것이었습니다. "하나님이 노아와 그 아들들에게 복을 주시며 그들에게 이르시되 생육하고 번성하여 땅에 충만하라"(창 9:1). 하나님은 그들이 땅에 충만해지기를, 땅을 가득 채우기를 원하셨습니다. 그러나 그들은 정반대로 움직였습니다. 그들이 말한 요지는 이것입니다. "아니, 우리는 흩어지지 않겠다. 우리끼리 똘똘 뭉쳐 살면서 성을 쌓겠다." 그들이 내세운 이유는 "자, 성읍과 탑을 건설하여 그 탑 꼭대기를 하늘에 닿게 하여 우리 이름을 내고 온 지면에 흩어짐을 면하자"라는 것이었습니다(창 11:4). 그들은 흩어지기가 두려웠습니다. 그래서 같이 성을 쌓기로 했습니다. 오늘날에도 사람들은 여러 가지 이유를 내세워 성을 쌓으려 합니다.

시날 사람들은 장사와 오락과 안전을 위해 성을 쌓았습니다. 이 것이 그들을 지배한 세 가지 동기였습니다. 인간의 동기는 늘 똑같습니다. "실컷 먹고 마시려면 장사를 해야 한다. 그래, 같이 장사할 계획을 세워 보자. 오락도 당연히 즐겨야 한다. 재미있게 지내려면 흩어져서 멀리 떨어져 사는 것—누구는 농장에 살고 누구는 저 먼 곳에 사는 것—보다 한데 뭉쳐 사는 편이 낫다. 그러니 전부 모여 살면서 즐겁게 살 계획을 세워 보자. 그러면 멋지게 지낼 수 있을 거다. 또 성을 떠나 떠돌아다니면 짐승의 공격을 받기도 쉽고 강도를 만나기도 쉬우니 전부 성에 모여 살자. 그래야 안전하다. 사방으로 큰 성벽을 쌓으면 아무도 우리를 건드리지 못할 거다."

문제는 이것이 하나님을 배제한 삶이라는 데 있습니다. 자기충족 욕구를 채우는 삶, 하나님이 전혀 필요치 않도록 꾸리는 삶이라는 데 있습니다. "하나님께 가까운 삶은 도시의 삶이 아니라 흙을 만지며 사는 삶"이라는 옛 말을 인용하면, 이 점이 더 쉽게 전달될 것 같습니다. "자연으로 돌아가라. 흙을 만져라. 밭을 가꿔라. 땅이나 채소밭을 마련해라. 그것이 유익하다. 육체적으로도 유익할 뿐 아니라 진짜 붉은 흙과 검은 흙을 만진다는 점에서도 유익하다"라고 말하는 이들이 있습니다. 그렇게 흙을 만지다 보면 자연히 하나님에게까지 생각이 미치게 됩니다. 이 같은 정원 철학을 노래한 시들도 있습니다.

이것은 상당히 일리 있는 주장이며, 우리도 가끔 생각하는 바입니다. 성경은 도시의 삶과 인생관, 문명의 인생관이 기본적으로 하나님과 반대된다고 가르칩니다. 장사를 하는 사람은 어느 정도 독립적인 행보가 가능해도, 채소나 곡식을 기르는 사람은 날씨에 신경을 쓰지 않습니까? 채소나 곡식을 기르는 사람은 "그럼요, 당연히 날씨가 엄청나게 중요하지요. 봄에 기온이 쌀쌀해지고 서리가 많이 내려 추워지면 수확이 줄어들고, 비가 내리지 않거나 볕이 부족해도 수확이 줄어듭니다"라고 말합니다. 그는 소출이 자기 손에 달려 있지 않음을 압니다. 날씨가 중요하다는 것, 그 날씨 뒤에는 하나님이 계시다는 것을 압니다. 그러나 도시에 사는 사람은 날씨 걱정을 할 필요가 없습니다. 빵은 빵집에 가서 사면 그만입니다. 모든 것이 잘 갖추어져 있습니다. 살기가 아주 편합니다. 이처럼 멀리 가지 않아도 빵이 나오는—우습게 들리지만 분명한 사실입니다—도시의 환경은 하나님을 잊도록 꼬드기고 부추깁니다. 무엇이든 필요한 것은 배달시키면 그만입니다. 그러나 농부는 그럴 수 없다는 것을 압니다. 다른 여러 가지 요소와 힘이 작용한다는 것, 자신이 그 요소와 힘에 의존하여 살아간다는 것을 압니다. 그 부분에 큰 관심을 쏟으며, 그 부분을 생각하고 숙고합니다. 그러다가 하나님에게까지 생각이 미치게 되는 것입니다.

그 외에도 시골에는 하나님을 생각하게 만드는 요소들이 많이 있습니다. 시골생활은 도시생활보다 한가합니다. 도시생활의 나쁜 점은 하나님을 생각할 여유가 없을 정도로 바쁘다는 것입니다. 그렇지 않습니까? 시골에서 살다가 도시로 온 분들은 제 말에 동의할 것입니다. 목축을 하거나 농사를 짓는 사람들은 W. H. 데이비스Davies

의 표현대로 "가만히 서서 바라볼" 시간이 많습니다. 그러나 도시에서는 이 일 저 일 바쁘게 좇아다니느라 정신을 차릴 수가 없습니다. 하나님을 생각할 여유가 없는 것입니다. 시간에 맞춰 열차도 타야 하고, 급한 용무도 처리해야 합니다. 또 저녁에는 영화나 연극이나 식사 같은 오락거리들이 늘 대기하고 있습니다. 시골에 살면 그럴 일이 없지만, 도시에서는 광고나 이런저런 것들이 앞다투어 눈길을 끌며 유혹합니다. 경건한 책이나 성경을 읽을 시간, 기도할 시간을 내기가 너무나 어렵습니다. "시간이 없어요. 도저히 그럴 시간이 나질 않아요"라는 말이 절로 나옵니다.

또 도시생활을 하면 안정감이 듭니다. 한데 붙어살기 때문에 안전한 것 같고 짐승이나 강도의 공격에서도 보호받는 것 같습니다. 그러다 보니 하나님을 생각할 여유를 내지 못하는 것이고, 앞으로도 그런 여유를 낼 가능성이 없는 것입니다.

창세기 11장의 사람들도 마찬가지였습니다. 그들은 하나님을 몰아내고 성문을 닫아걸었습니다. 자기충족적인 삶—오늘날 여러분과 제가 **문명**생활이라고 부르는 삶—을 살고자 했습니다. 이러한 문명은 어느 때보다 지난 백 년간 더 분명하고 확연하게 나타났습니다. 비극은 이 문명이 도시에서 시골로 번지고 있다는 것입니다. 라디오, 텔레비전, 버스 등이 보급되면서 시골도 도시와 비슷해졌습니다. 이제는 도시와 크게 다를 바가 없습니다. 시골 사람들도 더 이상 가만히 서서 자연의 찬란함을 바라보지 않습니다. 인공적인 오락을 찾아 읍내와 시내로 몰려듭니다. 그 결과 그들의 삶은 피폐해지고 메말라 버렸습니다. 무서우리만치 도시와 똑같아졌습니다. 우리는 바벨탑을 쌓았던 자들이 걸렸던 덫에 걸려 버렸고, 그들이 빠졌던 오류에 빠져 버렸습니다.

또 한 가지 중요한 요소에 주목하기 바랍니다. 사람들은 벽돌로 성을 짓겠다고 했습니다. 왜 그랬을까요? 자, 자신들의 성읍과 탑이 영원히 건재하기를 바랐기 때문입니다. 성읍과 탑은 영구히 건재해야 했습니다. 그들은 절대 흔들리지 않는 항구적인 건물을 세우고자 했습니다. 아시겠지만, 이것이 바로 '이 세상'의 관점입니다. 세상은 하나님을 몰아냈습니다. 섭리를 몰아냈습니다. 절대 무너지지 않고 흔들리지 않는 성을 세우고자 했습니다. 인간의 발전을 믿었습니다. 세상과 세상 나라의 진화를 믿었습니다. 영원 같은 건 생각도 하지 않았습니다. 성은 점점 높이 올라갔습니다. 마침내 다 완공되고 나면 얼마나 멋지겠습니까! 현대 철학에 대해서도 같은 말을 할 수 있습니다.

이 이야기가 보여 주는 인간의 자부심과 자기충족감, 자기만족의 요소도 강조해야겠습니다. 시날 사람들이 하는 말을 들어 보십시오. "자, 성읍과 탑을 건설하여 그 탑 꼭대기를 하늘에 닿게 하여 우리 이름을 내고"(창 11:4). 놀랍지 않습니까? 요즘 도시와 똑같습니다. 마치 최신 광고나 선전을 듣는 것 같습니다. 완벽하게 똑같습니다. 한번 해 보자는 것입니다! 건설하자는 것입니다! 광고하자는 것입니다! 누구나 쳐다보고 놀라며 감탄할 수 있도록 머리기사를 쓰고 간판을 내걸자는 것입니다. 인간에게 무슨 한계가 있느냐는 것입니다! 하늘까지 닿는 탑도 쌓을 수 있다는 것입니다. 하나님이 하늘에 있다면 올라가서 한번 잡아 보자는 것입니다. 이 땅뿐 아니라 하늘에까지 미치는 성을 세우자는 것입니다. 못할 일이 없다는 것입니다. "지극히 높은 곳에서는 하나님께 영광이요"(눅 2:14)라고 말하지 말고 "지극히 높은 곳에서는 인간에게 영광이요"라고 말하라는 것입니다. 아무리 높아도 오를 수 있다는 것입니다. 가지 못할 곳이 없다는 것입니다. 인간을 가로막을 장애물이 없다는 것입니다.

정말 그렇지 않습니까? 인간의 발명과 발견과 진보를 보십시오. 자연의 힘을 이용하는 것을 보십시오. 원자까지 분할하는 것을 보십시오. 인간은 어느 것도 자신을 좌절시키지 못하며 자신의 위대함에 한계선을 긋거나 울타리를 두르지 못한다는 것을 알고 있습니다. 그렇게 확신하고 있습니다. 시날 사람들은 말했습니다. "그래, 우리의 능력을 입증하자. 모든 것에 우리의 이름을 새겨 두자. 위대하고 유일무이한 우리 자신 앞에 무릎을 꿇고 경배하자."

분명히 구약시대 이야기인데도 지난 백 년간의 상황과 똑같지 않습니까? 찰스 다윈Charles Darwin이 「종의 기원 *The Origin of Species*」을 쓰면서, 우리는 하나님이 없다는 결론을 내렸습니다. 하나님이 필요치 않다는 결론을 내렸습니다. 우리 힘으로 다 해 보자, 우리 힘으로 다 할 수 있다고 했습니다. 그리고 지금까지 그렇게 해 왔습니다. 서로 힘을 합쳐 모든 것을 체계화하면서 하나님을 배제해 버렸습니다. 우리 힘으로 다 해 보자고 했습니다. 오, 우리 자신을 믿었습니다. 우리 힘으로 전쟁을 종식시킬 수 있다고 했습니다. 칼을 보습으로 바꿀 수 있다고 했습니다. "인간의 의회"와 세계연방을 세울 수 있다고 했습니다. 제1차 세계대전이 끝났을 때 우리는 확신에 넘쳐 있었습니다. 국제연맹*의 출범과 함께 "드디어 세계 정부가 생겼다! 우리는 정말 대단한 사람들이다! 못할 일이 없는 사람들이다"라고 했습니다. 창세기 11장의 이야기는 바로 오늘날 우리 시대의 이야기이자 우리 문명의 이야기입니다.

그러나 그들이 두려움의 망령까지 떨칠 수 있었던 것은 아닙니다. 그들은 말했습니다. "자, 성읍과 탑을 건설하여 그 탑 꼭대기를 하늘에 닿게 하여 우리 이름을 내고 온 지면에 흩어짐을 면하자." 설교자에게 이것은 중요한 소재입니다. 자신감이 하늘을 찔러도 속에는 항상 두려움이 잠복하고 있습니다. '혹시', '설마', '어쩌면' 하는 불안이 잠복하고 있습니다. 사고는 항상 가장 안전할 때 생긴다는 생각이 듭니다. 그래서 안전대책을 마련합니다. 보증을 세웁니다. 보험에 가입합니다. 이러한 안전의 위협은 전에도 있었고, 지금도 있습니다. 위협이 사라진 적은 한 번도 없었습니다. 칠흑 같은 어둠 속에서 휘파람을 불고 노래를 부르며 태연한 척하는 것도 다 두려움을 누르고 용기를 내 보려는 안간힘이라는 생각이 떠나지 않습니다.

"나를 떠나 너희끼리 성에 모여 있지 마라. 온 땅을 충만히 채워

---

* UN의 전신.

라. 사방으로 흩어져라. 내가 원하는 곳으로 가라"라는 하나님의
명령을 사람들은 알고 있었고 기억하고 있었습니다. 그 기억이 남
아 있는 한 두려움은 사라지지 않습니다.

그들은 하나님의 명령을 거역했습니다. 그 후에도 수없이 거역
했고, 지금도 있는 힘껏 거역하고 있습니다. 그래서 일어난 일이
무엇입니까?

여호와께서 사람들이 건설하는 그 성읍과 탑을 보려고 내려오셨더
라. 여호와께서 이르시되 이 무리가 한 족속이요 언어도 하나이므
로 이같이 시작하였으니 이후로는 그 하고자 하는 일을 막을 수 없
으리로다. 자, 우리가 내려가서 거기서 그들의 언어를 혼잡하게 하
여 그들이 서로 알아듣지 못하게 하자 하시고 여호와께서 거기서 그
들을 온 지면에 흩으셨으므로 그들이 그 도시를 건설하기를 그쳤더
라(창 11:5-8).

이것은 실제 역사입니다. 하나님이 내려와 사태를 정확히 파악하
셨습니다. 인간의 반역과 교만을 보셨고, 하나님을 미워하여 떠난
것을 확인하셨습니다. 이 모든 것을 보시고 내려와 언어를 혼잡하
게 하셨습니다. 사람들을 온 지면에 흩으셨습니다.

사랑하는 여러분, 하나님은 늘 이렇게 하시며, 늘 이렇게 하겠
다고 맹세하셨습니다. 이것은 한 번 일어난 일이 아닙니다. 니느웨
라는 큰 성에도 똑같은 일이 일어났습니다. 니느웨는 대단한 성이

었습니다! 그럼에도 찬란하지만 경건치 못한 문명을 자랑하던 이 앗수르의 수도는 완전히 무너져서 사라져 버렸습니다. 바벨론도 마찬가지입니다. 느부갓네살이 자기 신상까지 세워 놓고, 만 백성에게 명하여 힘으로 온 세상을 통일한 온 세상의 정복자 앞에 절하고 숭배하게 했을 정도로 바벨론은 강대한 나라였습니다. 그런데 완전히 망해서 지금은 그 흔적조차 찾아볼 수 없습니다. 그리스와 로마도 마찬가지입니다.

하나님은 어떤 모양, 어떤 형태로든 하나님을 떠나 성을 지을 수 있다고 생각하는 것을 허용하시지 않습니다. 세계의 정복자가 된 것처럼 착각했던 어리석은 나라들은 전부 무너졌고 망했습니다. 히틀러주의가 그렇게 극성을 떠는데도 그 궁극적인 결말에 대해 전혀 염려치 않는 사람들이 있었던 이유가 이것입니다. 그런 시도는 오래가지 못한다는 사실을 알았던 것입니다. 대영제국이든 다른 제국이든 하나님을 떠나 설 수 있는 나라는 어디에도 없습니다. 하나님이 그것을 허용하시지 않습니다. 그래서 그 많은 왕국들이 차례차례 쇠락의 길을 걸었던 것입니다. 이제 제가 드릴 말씀은 이것입니다. 오늘날 모든 나라가 각자의 주권을 포기하고 연합하여 거대한 세계국가를 만들고 연합정부를 수립하는 순간, 우리도 쇠락의 길을 걷게 될 것입니다. 하나님이 가만히 두시지 않을 것입니다.

하나님은 바벨탑에 내려와 언어를 혼잡하게 하심으로 사람들을 흩어 버리셨습니다. 왜 그렇게 하셨습니까? 죄를 벌하시기 위해서였습니다. "악인에게는 평강이 없"음을 알리시기 위해서였습니다

(사 57:21). 아무리 큰 성을 세우고 견고한 성벽을 쌓아도 하나님의 다스림을 받지 않으면 안전치 못함을 알리시기 위해서였습니다. 그 성벽은 무너질 것입니다. 적군이 몰려올 것입니다. 애써 쌓은 모든 것이 순식간에 사라질 것입니다.

이처럼 하나님은 그들을 벌하기 위해 언어를 혼잡하게 하셨습니다. 그러나 단순히 벌하기 위해서만 혼잡하게 하신 것은 아닙니다. 본문에 나오듯이 그들의 계획을 막기 위해서도 혼잡하게 하셨습니다. 하나님이 그들을 보시며 하신 말씀의 요지는 이것입니다. "저들은 하늘까지 닿을 탑을 쌓기 시작했다. 우리가 지금 내려가 개입하고 무너뜨리지 않으면 일사천리로 밀어붙일 것이다. 그러니 이제 내려가 저들을 막자."

어느 시대에나 하나님은 같은 일을 하셨습니다. 제가 볼 때 파괴적인 전쟁을 두 차례나 겪은 20세기 역사를 설명할 수 있는 길은 이것뿐입니다. 19세기 말부터 20세기 초까지만 해도 우리는 법으로 전쟁을 추방할 수 있다는 자신감에 넘쳐 있었습니다. 누구나 먹고 마시고 즐기기만 하면 되는 세상을 만들겠다는 의욕에 넘쳐 있었습니다. 과학이 이렇게 놀랍게 발전했으니 머잖아 일할 필요 없는 세상이 올 것이라고 기대했습니다. 단추만 누르면 식사가 니오는 때가 올 것이라고 기대했습니다. 완벽한 세상이 올 것이라고 기대했습니다. 이런저런 발명으로 영구히 즐겁고 재미있게 살 것이라고 기대했습니다. 콧노래를 부르며 편하게 일할 것이라고 기대했습니다. 하나님을 배제한 채 인간의 힘으로 사는 삶은 생각만 해도 멋있었습니다. 그러나 그런 세상은 오지 않았습니다. 오히려 전쟁과 유혈사태와 공포와 두려움과 실망과 불행이 찾아왔습니다. 저는 이 모든 일의 배후에 하나님이 계신다고 서슴없이 주장하는 바입니다. 이런 혼란을 일으켜 인간이 궁극적으로 자기를 주장하지 못하도록 막으신 분, 그리하여 홍수 때처럼 또 다시 세상의 멸망을 불러오지 못하도록 저지하신 분은 바로 하나님입니다.

물론 언어를 혼잡하게 하신 데에는 노아와 그 자손들에게 주신 명령, 즉 온 지면에 충만하고 온 세상에 흩어지라는 명령을 실현시키시려는 이유도 있었습니다. 우리가 아무리 거역해도 하나님은 목적을 이루십니다. 지금도 마찬가지입니다. 창세기 11장이 주는 중대한 교훈, 바벨탑 사건이 주는 교훈이 바로 이것입니다. 죄에 빠진 인간은 어리석습니다. 감히 전능하신 하나님께 도전할 수 있다고 생각합니다. 하나님을 망각한 채 제멋대로 계획을 세웁니다. 하나님을 외면한 채 일을 진행시킵니다. 건축을 시작하고 탑을 쌓습니다. 그런데 그때 돌연 하나님이 내려와 모든 것을 무너뜨리십니다.

사랑하는 여러분, 개인도 마찬가지입니다. 여러분의 인생관은 무엇입니까? 우리 모두 계획을 세우는 데 능숙한 사람들 아닙니까? 그들도 그랬습니다. 성을 설계했고, 모든 계획을 완료했습니다. 우리도 그들과 똑같이 살지 않습니까? 우리도 계획을 세우며, 미래의 삶과 진로를 치밀하게 준비합니다. 자신이 바라는 게 무엇인지 잘 알고 있습니다. 그런데 거기에 하나님이 개입하실 자리가 있습니까? 그것은 하나님의 다스림 아래 세운 계획입니까, 하나님과 무관하게 세운 계획입니까? 중심에 하나님이 없는 계획은 무산되고 허사가 된다는 것이 11장의 교훈입니다. 그 계획은 바벨탑처럼 허무하게, 덧없이 무너져내릴 것입니다. 여러분이 좋아하든 좋아하지 않든 하나님이 내려와 무너뜨리실 것입니다. 이것이 성경의 역사이고, 성경 이후의 역사이며, 20세기의 역사입니다. 인간은 하나님 없이 문명을 세울 수 없습니다. 여러분도 하나님 없이 여러분의 인생을 세울 수 없습니다.

인간이 연합하는 길은 한 가지뿐입니다. 이해와 평화와 기쁨으로 나아가는 길도 한 가지뿐입니다. 그 길이 사도행전 2장에 나옵니다. 우리는 2장에서 각기 다른 인종과 나라와 민족 사람들이 "우리가 다 우리의 각 언어로 하나님의 큰일을 말함을 듣는도다"라고 말하는 장면을 봅니다(11절). 오순절에 임하신 성령의 능력이 이 일을 가능케 하셨습니다. 무슨 뜻입니까? 사람들이 하나로 모이는 지점, 정당하게 하나가 되는 지점이 있다는 것입니다. 그 지점은 바로 그리스도 안입니다. 하나님 안입니다.

우리는 다 죄에 빠진 사람들입니다. 잃은 자들입니다. 우리에게는 동일한 구원이 필요합니다. 동일한 구주께서 구원해 주셔야 합니다. 온 세상이 해야 할 일은 한 가지입니다. 하나님을 바라보면 되는 것입니다. 그러면 하나님이 구원해 주시고 성령을 주십니다. 인간이 자기 죄를 깨달을 때, 한 사람 한 사람이 하나님의 진노 아래 있는 무력하고 소망 없는 죄인임을 깨달을 때, 시기와 질투는 사라지고 서로 원수 삼는 일도 사라질 것입니다. 모두가 하나님 앞에 무릎을 꿇을 것이며, 전에 원수 되었던 사람도 옆에서 나란히 무릎을 꿇을 것입니다. 그리스도 안에서 막힌 담이 무너질 것입니다. 서로간의 차이는 사라지고 새로운 연합이 이루어질 것입니다. 서로 사랑하기 시작할 것입니다. 어떻게 그것이 가능할까요? 살아 계신 하나님의 성령이 각 사람 속에 거하심으로 가능합니다.

오늘날 세상의 비극은 이 메시지를 무시한 채 절대 성사될 리 없는 옛 바벨탑의 헛된 방식을 계속 시도하는 데 있습니다. 사랑하는 여러분, 여러분은 자기 자신과 더불어 평안을 누리고 있습니까? 남들과 더불어 평안을 누리고 있습니까? 여러분의 생각대로 계획이 잘 진행되고 있습니까? 상황이 순탄하게 돌아가고 있습니까? 혹시 생각지도 못했던 일이 일어나지는 않았습니까? 여러분은 지금 하나님의 다스림을 받고 있습니까? 하나님의 축복만이 최고임을 알고 있습니까? 그가 축복하시면 형통하겠지만 축복하시지 않으면 다 허사라는 것을 알고 있습니까?

지금 하나님이 여러분을 축복하고 계십니까? 그 확신이 여러분에게 있습니까? 그렇지 않다면 하나님 없이 계획을 세운 것입니다. 그 사실을 인정하십시오. 회개하십시오. 고백하십시오. 하나님께 달려가 여러분이 경건치 못했던 것과 교만했던 것, 자만했던 것과 어리석었던 것, 하나님께 적의를 품었던 것을 고백하십시오. 그 앞에 엎드려 참회하고 회개하십시오. 그러면 하나님이 보내 주신 아들이 나와 내 죄를 맡아 주셨다는 확신이 생길 것입니다. 죄 사함과 용서가 임할 것입니다. 새로운 생명과 새로운 영이 임할 것입니다. 새로운 지각과 새로운 시각으로 남을 이해하게 될 것이며, 자기 자신뿐 아니라 남들과 더불어 평화를 누리게 될 것입니다. 하나님의 성, "하나님이 계획하시고 지으실 터가 있는 성"(히 11:10), 새로운 성을 바라보며 새로운 삶을 시작할 것입니다.

아브라함, 믿음의 삶 9

여호와께서 아브람에게 이르시되 너는 너의 고향과 친척과 아버지의 집을 떠나 내가 네게 보여 줄 땅으로 가라. 내가 너로 큰 민족을 이루고 네게 복을 주어 네 이름을 창대하게 하리니 너는 복이 될지라. 너를 축복하는 자에게는 내가 복을 내리고 너를 저주하는 자에게는 내가 저주하리니 땅의 모든 족속이 너로 말미암아 복을 얻을 것이라 하신지라. 이에 아브람이 여호와의 말씀을 따라갔고.

창세기 12:1-4

지금까지 우리는 '세상의 삶에 대해 성경은 무슨 말을 하는가' 하는 문제를 연속해서 살펴보았습니다. 우리의 목표는 안타깝게도 오늘날 흔히 대두되고 있는 비판, 즉 '성경은 삶과 동떨어진 책으로서 현대세계를 살아가는 우리에게 해 줄 말이 없다'라는 비판이 순전한 무지에서 비롯된 것임을 밝히려는 데 있었습니다. 오히려 성경이야말로 세상에서 가장 실용적이고 현대적인 책이라는 것, 성경의 관심은 관념적인 믿음이 아닌 실제 삶과 생활에 있음을 밝히려는 것이 우리의 목적이었습니다. 다시 말해서 성경의 주장은 다름 아닌 하나님이 이 책을 주셨다는 것입니다. 하나님이 이 책을 통해 자신을 보여 주시고, 우리의 실상을 보여 주시며, 우리 문제의 원인을 보여 주시고, 모든 불행의 유일한 치료책을 보여 주신다는 것입니다. 그래서 성경에 교리뿐 아니라 역사 기록이 이렇게 많은 것입니다. 성경은 하나님이 실제로 세상의 삶에 개입하셨다고 말합니다.

성경의 입장을 한번 요약해 보겠습니다. 세상은 하나님의 손으로 창조되었습니다. 세상이 실질적으로 시작된 시점이 있었습니다. 세상은 어쩌다 생긴 것이 아닙니다. 첫 번째 설교에서 특별히 다룬 주제가 이것이었습니다. 여기에서 두 가지 입장이 확연하게 갈라집니다. 하나님이 세상을 만드셨다고 믿는 입장과, 우리가 알고 있는 우주 전체가 순전히 우연으로 생겨났다고 가정하는 현대의 가르침—이른바 과학적인 가르침—을 받아들이는 입장으로 갈라지는 것입니다. 과학적인 가르침은 사실상 우주를 설명하지 못하는데, 단순한 가정만으로는 설명하기가 불가능하기 때문입니다. 비성경적인 이 가르침은 인간의 비범한 자질과 성향 및 놀라운 재능이 순전히 우연으로, 어쩌다가 생긴 것이라고 선언하며, 우주에는 아무런 이유나 까닭이나 목적이나 의도가 없다고 선언합니다. 이처럼 세상에 대한 생각의 차이가 처음부터 확연하게 나타납니다.

성경은 하나님이 세상을 만드셨으며 자신의 형상을 따라 인간을 만드셨다고, 그러므로 인간은 하나님과 친밀한 관계를 맺으며 자신의 존재 법칙에 맞게 살아야 충만하고 행복하게 살 수 있다고 말합니다. 그런데 아담과 하와는 어리석게도 이 모든 것을 저버리고 죄를 지었습니다. 하나님께 반역을 저질렀습니다. 하나님이 자신들을 대적하신다는 거짓말을 믿고 자기 권리를 내세우며 하나님과 같아지려 하다가 타락했습니다. 그 후 오늘날까지 세상에 나타난 모든 문제는 바로 그 행동의 직접적인 결과물입니다. 죄 때문에, 사람이 하나님을 떠나 스스로 살고자 했기 때문에 세상이 이 지경이 된 것입니다. 그들의 반역행위가 몰고 온 혼돈이 오늘날까지도 계속되고 있습니다.

물론 두 사람은 하나님의 심판을 받았습니다. 하나님이 그들을 벌하셨습니다. 동산 밖, 낙원 밖으로 쫓아내시고 자기 힘으로 돌아오지 못하도록 막으셨습니다. 그때부터 인간의 고통이 시작되었습니다. 양식을 얻으려면 땀을 흘려야 했습니다. 가시덤불과 엉겅퀴, 찔레와 씨름해야 했습니다. 질병과 역병도 생겨났습니다. 노아 때는 죄가 어찌나 만연했는지 하나님이 홍수로 세상을 멸망시키겠다고 선언하실 정도였습니다. 그 심판에서 구원받은 사람은 방주 안에 있던 여덟 명뿐이었습니다. 이처럼 하나님은 죄를 벌하심으로 진리를 분명히 밝히셨습니다.

세상은 새롭게 출발했습니다. 그러나 세상 역사의 관점에서 볼 때, 불과 얼마 지나지 않아 예전 상태로 돌아가 버렸습니다. 사람들은 하늘에 닿을 만큼 높은 탑이 있는 큰 성을 쌓기로 했습니다. 도시생활의 틀을 갖추고, 모든 영역에서 하나님을 떠나 자신들을 내세우는 이른바 문명을 이룩하려 했습니다. 서로 치켜세우는 사회를 만들었습니다. 그들은 이런 짓을 했고, 이런 짓을 자랑했으며, 자신들의 이름을 내세웠습니다.

하나님은 다시 인간을 벌하셨습니다. 그가 내려와 언어를 혼잡하게 만드시자 탑 짓기를 포기하지 않을 수 없었습니다. 성은 무너졌습니다. 하나님이 말씀하신 대로 사람들은 벌을 받아 사방으로 흩어졌습니다.

지난번에 여기까지 다루었고, 이제 12장을 다룰 차례입니다. 12장에서 일어난 일은 여러 모로 볼 때 인류 역사상 가장 중요한 전환점이라고 할 만합니다. 이 일은 하나님이 밝히신 에덴동산 복귀 계획의 일환으로 일어났습니다. 알다시피 하나님은 여자의 후손과 뱀의 후손 간에 전쟁이 벌어질 것을 예고하셨습니다. 그리고 그 예고대로 내내 전쟁이 벌어졌습니다. 하나님의 백성과 하나님을 무시하는 세상 사람들 사이에 계속해서 싸움이 일어났습니다. 12장의 사건은 그 싸움의 가장 중요하고 중대한 전환점입니다.

하나님은 인간이 제 힘으로 할 수 있는 일이 어떤 것인지 세 차례나 거듭해서 보여 주셨습니다. 인간을 처음 창조했을 때 보여 주셨고, 타락 이후 홍수 때 보여 주셨으며, 홍수 이후에 또 한 번 보여 주셨습니다. 세 차례나 거듭해서 인간을 대면하여 율법을 주시고 그 율법을 어겼을 때는 벌을 주시면서 인간이 어떻게 하는지 지켜 보셨습니다. 그런데 이미 말했듯이 인간은 악한 길로 가기를 고집했습니다.

그러자 이번에는 새롭고 특별한 행동을 취하십니다. 이전과는 아주 다르게 하겠다고, 세상의 삶과 다른 삶을 출범시키겠다고 말씀하신 것입니다. 하나님은 자신을 위한 백성, 자신에게 속한 백성을 만들기로 하셨습니다. 그리고 아브라함(원래 이름은 아브람)이라는 사람을 불러 그 일을 진행시키셨습니다. 아브라함 이야기는 성경 전체의 메시지를 이해하는 데 절대적으로 중요합니다. 거듭 일깨우는 바, 이 메시지의 핵심은 '죄를 지은 사람은 마귀의 권세와 영향과 지배를 받는다. 마귀가 세상의 삶을 다스리게 된다'라는 것입니다. 그런데 이제 하나님이 그 세상에 개입하여 다른 후손, 다른 백성을 만드시겠다는 것입니다.

하나님은 아브라함을 통해 새로운 나라, 하나님의 나라, 하나님의 큰 계획과 목적을 펼쳐 나갈 구별된 백성을 만들고자 하셨습니다. 성경이 우리 앞에 제시하는 가능성을 알고 싶다면, 아브라함을 부르신 이 사건부터 이해해야 합니다. 세상이 어떠한 상태에 있는지는 우리 모두 잘 알고 있습니다. 문제는 다른 가능성도 아느냐는 것입니다. 실제로 하나님은 다른 가능성이 있다고 선언하십니다. 세상의 삶과 다른 삶, 하나님이 주시는 삶, 하나님과 교통하는 삶, 하나님께 축복받는 삶을 살 수 있다고 하십니다. 악하게 살면 불행해지고 혼란스러워지고 비참해진다는 것, 결국 하나님의 심판을 받게 된다는 것을 우리는 알았습니다. 그런데 그와는 완전히 다른 삶이 있습니다. 하나님은 성경 메시지를 통해 그 삶을 우리에게 제안하십니다. 저는 아브라함의 사례가 그 삶을 완벽하게 요약해서 보여 준다고 생각합니다.

아브라함은 성경에 계속 언급되는 인물입니다. 구약과 신약에서 자주 언급되는 인물입니다. 그는 "하나님의 벗"이었습니다. 이것이 그의 호칭이었습니다(사 41:8; 약 2:23). 아브라함은 하나님과 동행한 사람, 하나님의 임재 안에 살았던 사람, 세상에서 가장 고상한 인물로 우뚝 서 있는 사람입니다. 어떤 이는 아브라함이야말로 역사상 가장 신사다운 신사라고 했는데, 저도 그 판단에 기꺼이 동의하는 바입니다. 하나님의 벗이었던 이 사람 아브라함보다 고상하고 위엄 있고 매력적인 인물은 없습니다.

요점은 하나님이 바로 이런 삶을 살도록 우리를 부르신다는 것입니다. 아브라함을 부르신 일이 중요한 이유가 여기 있습니다. 우리도 아브라함처럼 하나님의 벗이 될 수 있습니다. 신약성경은 아브라함을 모든 믿는 자의 조상이라고 부르며(갈 3:6-9), 그리스도인은 다 "아브라함의 자손"이라고 말합니다(29절). 우리는 믿음의 자손이고, 따라서 아브라함의 자손입니다. 요컨대 그리스도인은 아브라함이 했던 일을 그대로 하는 사람입니다. 그러므로 그가 무슨 일을 했는지 알아보는 것이 무엇보다 중요합니다. 성경 메시지의 핵심 주장에 따르면, 아브라함 때나 지금이나 삶의 조건은 똑같습니다. 그래서 히브리서 기자도 그리스도인들을 돕고 격려하기 위해 편지를 쓰면서 아브라함처럼 행하고 아브라함처럼 살라고 권면한 것입니다(히 11:8-19). 그는 아브라함뿐 아니라 노아와 아벨 이야기도 하고, 모세와 다른 여러 인물들의 이야기도 합니다. 그들은 전부 같은 삶―세상의 삶과 다른 삶, 경건한 삶―을 살았던 사람들입니다. 우리 주와 구주 되신 예수 그리스도의 복음이 우리에게 제안하는 삶이 바로 이 삶입니다.

이제 우리가 던져야 할 중대한 질문은 이것입니다. 우리는 이런 삶을 살고 있습니까? 아브라함의 눈으로 모든 것을 보고 있습니까? 아브라함처럼 하나님을 신뢰하고 있습니까? 아브라함처럼 기뻐하고 있습니까? 아브라함과 동일한 경험을 하고 있습니까?

두 번째 질문을 드리겠습니다. 여러분은 이런 삶을 살고 싶습니까? 아브라함은 오늘날의 세상과 똑같은 세상에서 살았습니다. 비행기나 자동차 등이 있느냐 없느냐는 중요치 않습니다. 그것은 부수적인 요소일 뿐, 사는 일과는 아무 관계가 없습니다. 사는 일은 아브라함 때나 지금이나 똑같습니다. 많은 이들이 중요하지도 않은 피상적 차이에 얽매여, 오늘날 우리가 아주 다른 삶을 사는 듯 착각하는 것이야말로 비극이 아닐 수 없습니다. 그들은 아브라함 때나 지금이나 사는 일이 똑같다는 말을 이상하게 여깁니다. 아브라함 때는 차도 없고 비행기도 없고 원자도 분할하지 못했는데 어떻게 지금과 똑같으냐는 것입니다. 그러나 산다는 것이 무엇입니까? 이 질문에 대답해 보면 달라진 게 하나도 없음을 알 수 있습니다.

아브라함 때나 지금이나 하는 일의 정도만 다를 뿐 내용은 똑같습니다. 아브라함 때 한 일이 무엇입니까? 먹고 마신 것입니다. 사랑하고 전쟁한 것입니다. 그들은 걸어 다니거나 낙타를 타고 다녔고, 우리는 차나 비행기를 타고 다닌다는 점이 다를 뿐입니다. '우리는 정신없이 바쁘게 돌아다니기 때문에 그들과 다르며 그들보다 우월하다'는 것은 천박하기 짝이 없는 생각입니다.

아브라함 이야기를 읽어 보십시오. 현대인의 삶이 그대로 나옵니다. 남의 아내를 탐내다가 어떻게 되는지 보십시오. 오늘날도 똑같은 일이 일어나고 있습니다. 다를 것이 전혀 없습니다. 우리를 둘러싼 환경, 우리가 사는 세상, 우리가 겪는 어려움 모두 아브라함 때와 똑같습니다. 그런데도 아브라함은 우리와 확연히 다른 삶을 살았습니다. 모든 어려움을 이겨냈습니다. 거인의 삶을 살았습니다. 하나님의 벗으로 고상하게 살았습니다. 우리도 그렇게 살아야 합니다.

어떻게 그렇게 살 수 있을까요? 그 조건이 무엇일까요? 이 사람의 이야기가 알려 주는 비결은 다음과 같습니다.

아브라함은 이방 땅에서 이방인으로 성장했습니다. 여러 신을 섬기는 사람들 틈에서 그들과 똑같이 살았습니다. 성경은 말합니다. "여호와께서 아브람에게 이르시되 너는 너의 고향과 친척과 아버지의 집을 떠나 내가 네게 보여 줄 땅으로 가라"(창 12:1). 하나님이 그에게 말씀하셨습니다. 마음에 파문을 일으키셨습니다. 그를 불러내셨습니다. 항상 이것이 첫 단계입니다. 성경을 읽어 보십시오. 곳곳에서 같은 이야기를 발견할 것입니다. 구약뿐 아니라 신약도 읽어 보십시오. 전에 살았던 성도들, 교회의 역사를 아름답게 수놓고 있는 성도들 중에 아무나 골라 그 생애를 살펴보십시오. 모양과 형태는 달라도 다 같은 말을 할 것입니다. "나도 남들과 다름없이 살고 있었는데 갑자기(또는 서서히, 어느 쪽이든 상관없습니다) 무언가 마음에 파문을 일으키며 나를 부르는 듯한 느낌이 들었다. 하나님이 나를 부르신 것이다."

하나님이 우리를 부르시는 다양한 방법에 대해서는 얼마든지 많은 이야기를 할 수 있습니다. 때로는 말로 표현하기 힘든 방법으로 부르십니다. 뭔지 모르게 불안한 느낌이나 생각에 사로잡히기 시작합니다. 지금까지는 자기 식대로 살면서, 이 정도면 흥미진진하고 멋진 삶이라고 생각했습니다. '남들도 이렇게 사니까 나도 계속 이렇게 살겠지'라고 생각했습니다. 그런데 어찌 된 영문인지 어느 순간부터 사는 게 예전처럼 대단하게 느껴지지 않습니다. 예전 같은 재미나 흥분이 느껴지지 않습니다. 삶이 매력을 잃으면서 '이런 게 다 무슨 의미가 있나' 하는 의구심이 들기 시작합니다. 이유는 모르지만, 어쨌든 이런 생각이 들기 시작합니다. 모든 것이 예전과 다르게 보입니다. 이것이 무엇입니까? 하나님이 우리를 부르시는 것입니다. 그가 다른 생각을 우리 속에 불어넣으십니다. 마음에 파문을 일으키십니다. 여러분도 이런 경험이 있지 않습니까? 의문이 생겨납니다. 익숙했던 세계가 흔들리기 시작합니다. 무언가 달라지기 시작합니다.

그 밖에 환경을 통해 부르시기도 하고, 사고를 통해 부르시기도 하며, 병을 통해 부르시기도 합니다. 좌절이나 사업상의 손해나 누군가의 죽음을 통해 부르시기도 합니다. 하나님이 우리를 부르시는 방법은 무궁무진합니다. 중요한 것은 어떤 식으로든 그가 부르신다는 것입니다. 항상 똑같았던 나날에 파문이 일면서 걸음을 멈추게 되고, 생각하게 되고, 질문을 던지게 됩니다. 아브라함에게 일어난 일이 이것이었습니다.

하나님이 늘 귀에 들리는 음성으로 말씀하시는 것은 아닙니다. 현대에는 음성으로 말씀하시는 경우기 기의 없습니다. 성경이 있기 때문에 굳이 그러실 필요가 없습니다. 앞서 지적했듯이 하나님은 우리의 무의식에 말씀하시기도 하고, 우리가 전혀 통제할 수 없는 환경과 사건을 통해 말씀하시기도 합니다. 어떤 길을 거의 끝까지 갔는데 갑자기 무슨 사건이 생기는 바람에 삶의 경로가 완전히 바뀌었다고 말하는 이들이 아주 많습니다. 그들은 환경이나 우연처럼 보이는 사건들을 통해 하나님의 말씀과 음성과 부르심을 들은 것입니다.

성경을 읽다가 부르심을 듣는 이들도 많습니다. 부모님께 성경을 읽겠다고 약속했거나 어려서부터 성경을 읽으라는 말을 하도 많이 들어서 의무적으로 건성건성 읽었을 수 있습니다. 그때는 몇 번씩 읽어도 아무런 깨달음이 없었습니다. 그런데 어느 날 갑자기 말씀이 확 튀어나와 말을 겁니다. 자기한테 직접 이야기를 합니다.

또 설교를 듣거나 찬송을 하다가 부르심을 들을 수도 있고, 모호하고 막연한 방식으로 들을 수도 있습니다. 방법은 중요치 않습니다. 중요한 점은 자기 식대로 살던 사람이 하나님의 말씀과 부르심을 듣는다는 것입니다.

여러분도 이런 경험이 있을 것입니다. 사는 게 행복하지 않았던 적이 있을 것입니다. 걸음을 멈추고 의문과 질문에 사로잡혔던 적이 있을 것입니다. 여러분 중에는 이미 청년기를 넘기고 중년기에 접어들어 삶의 탄력이 떨어진 것을 느끼는 분들이 있을지 모릅니다. 또는 그보다 더 나이가 들었을 수도 있습니다. 그런 분들은 인생의 전성기가 얼마나 빨리 지나고 마지막이 다가오는지, 죽음 이후에 대해 자신이 얼마나 무지한지 알 것입니다. 이처럼 우리는 여러 가지 방법으로 걸음을 멈추게 되며 부르심을 듣게 됩니다.

이렇게 일반적인 부르심만 있는 것은 아닙니다. 특별한 부르심도 있습니다. 아브라함이 어떻게 부르심을 받았는지 보십시오. "너는 너의 고향과 친척과 아버지의 집을 떠나." 무슨 뜻일까요? 자, 저는 이것이야말로 여러 면에서 가장 중요한 구절이 아닐까 생각합니다. 아브라함은 지금까지 자신의 삶을 이루고 있었던 모든 것을 버리고 떠나라는 말씀을 들었습니다. 이방의 환경을 버리고 떠나라는 말씀을 들었습니다. 고향과 친척을 버리고 떠나라는 것입니다. 모든 것을 버리고 떠나라는 것입니다. 모든 것에서 벗어나 새로운 세계로 오라는 것입니다.

바벨탑을 쌓고 성을 건설하고자 했던 창세기 11장 이야기와 바로 이어지는 아브라함 이야기의 흥미로운 연관성을 살펴봅시다. 앞서 말했듯이, 아브라함은 하나님을 떠나 자신들의 힘으로 성을 건설하고 이른바 문명을 이룩하고자 했던 사람들 틈에서 성장했습니다. "우리 이름을 내고"라는 말이 특히 강조하는 바를 생각해 보십시오(창 11:4). 그들은 벽돌을 굽고 역청으로 이어 붙여 영구히 무너지지 않는 성을 세우고자 했습니다. 세상에 터를 잡고 살고자 했습니다. 하나님은 고려의 대상이 아니었습니다. 필요한 존재가 아니었습니다. 그들은 자족적인 도시의 삶을 살면서 자신들의 이름을 창대케 할 계획을 세웠습니다.

그런데 아브라함은 그런 삶을 완전히 버리고 떠날 것을 요구받았습니다. 하나님의 특별한 부르심은 바로 회개하라는 부르심입니다. 하나님은 아브라함에게 이제껏 살아온 삶이 잘못되었음을 깨닫고 거기에서 떠날 것을 요구하셨습니다. 성경은 우리를 회개로 부릅니다. 그러려면 우리가 이제껏 어떻게 살아왔는지 다시 생각해 보아야 합니다. 하나님을 완전히 떠난 도시의 삶, 문명의 실상이 어떠한지 살펴보아야 합니다. 그 실상을 제대로 보고 파악하며 그 결국을 깨달아야 합니다. 그 삶이 완전히 잘못되었음을 인정하고 등을 돌려야 하며, 그 삶에서 벗어나 정반대의 삶으로 나아가야 합니다.

이것이 회개입니다. 걸음을 멈추고 생각하며 살펴보면, 이제껏 살아온 삶의 방식과 존재 방식이 얼마나 하나님을 모욕하는 것이었는지 알 수 있습니다. 우리는 하나님을 완전히 배제한 채 생각하고 계산했습니다. 우리가 삶을 다 차지하고 있었습니다. 우리가 모든 삶을 제조해 냈습니다. 우리가 모든 삶을 생각해 냈고 만들어 냈습니다. 우리의 관심은 오로지 우리를 향하고 있었습니다. 우리 자신이 영광을 받았습니다. 우리 스스로 신이 되었습니다. 우리 업적을 칭송했습니다. 온 세상과 더불어 이런 짓을 했습니다.

그런데 성령이 우리를 다루시고 하나님이 우리를 부르시면, 이것이 토대 없는 삶이라는 것을 알게 됩니다. 일시적이고 덧없는 삶이라는 것, 한번 지나가면 그뿐이라는 것을 알게 됩니다. 영구하지 않다는 것을 알게 됩니다. 견고한 줄 알았는데 전혀 그렇지 않다는 것, 문명은 무너지며 지나가게 마련이라는 것, 우리도 곧 전부를 두고 떠나야 한다는 것을 알게 됩니다. 그러면서 우리 삶에 아무 토대가 없다는 생각을 하기 시작합니다. 그런 삶에서 벗어나라는 중대한 부르심, 온 세상과 인간의 창조자로서 죄를 벌하시는 하나님을 떠나 살려는 생각이 얼마나 어리석고 죄에 물든 것인지 인정하라는 부르심을 듣기 시작합니다.

그때 갑자기 정신이 번쩍 들면서 모든 실상이 눈에 들어옵니다. 이런 삶은 살아 있는 영혼을 만족시키지 못한다는 것을 깨닫습니다. 혼란과 불안, 불행과 고통, 질투와 시기와 자랑, 악의와 적의를 불러온다는 것을 깨닫습니다. 모든 실상을 분명하게 깨닫습니다. 삶의 토대를 하나님께 두지 않은 탓에 모든 문제가 생겨났다는 것을 깨닫습니다. 인간 스스로 신이 되었다는 것, 그 신들이 서로 싸우면서 삶이 혼돈에 빠졌다는 것을 깨닫습니다. 그래서 하나님께 나아가 모든 죄를 고백합니다. 우리의 어리석음을 인정합니다. 우리의 실패를 인정합니다. 우리의 교만과 반역을 고백합니다. 우리가 벌 받아 마땅한 사람들이라는 것, 성경을 주셨는데도 무시하고 이렇게 살아왔다는 것을 인정합니다. 하나님의 아들이 세상에 내려와 이런 삶에서 떠나라 하시고 이런 삶에서 우리를 구하기 위해 죽기까지 하셨는데도 이렇게 살아왔다는 것을 인정합니다. 하나님이 이 모든 일에도 하셨음에도 눈이 멀고 무지하여 이렇게 살아왔다는 것을 인정합니다. 이 모든 것을 하나님 앞에서 인정하며, 그의 자비와 긍휼을 구하는 것 외에는 할 수 있는 일이 없음을 인정합니다. 이처럼 자신을 깨워 주신 것, 자신을 불러 깨우쳐 주신 것을 감사드립니다. 이처럼 하나님은 그 옛날 아브라함을 부르셨듯이 우리를 불러, 하나님을 맹렬히 대적하고 무섭게 반대하는 이른바 문명생활에서 떠나라고 하십니다.

그 다음에 하시는 일이 무엇입니까? 적극적인 제안입니다. 하나님이 아브라함에게 뭐라고 하시는지 보십시오. 고향과 친척과 아버지 집을 떠나 어디로 가라고 하십니까? "내가 네게 보여 줄 땅으로 가라. 내가 너로 큰 민족을 이루고 네게 복을 주어 네 이름을 창대하게 하리니 너는 복이 될지라."

우리는 여기에서 바벨탑 사건을 고찰하며 언급했던 사실로 되돌아가게 됩니다. 성경은 그 사건과 이 사건을 대조해서 보여 줍니다. 한편에는 자신들의 이름을 창대케 하려고 스스로 짓는 성이 있습니다. 그리고 다른 한편에는 하나님의 계획과 제안이 있습니다. 그가 무엇을 제안하시는지 보십시오. 사람들이 자기 힘으로 얻고자 했던 바로 그것입니다. 하나님은 아브라함의 이름을 창대케 해 주겠다고 하셨습니다. 복과 번영을 주시겠다고, 사람들이 탐했던 바로 그 성을 주겠다고 하셨습니다.

이것은 생생한 묘사입니다. 인간의 성을 구하든지, 하나님의 성을 구하든지 둘 중에 하나라는 것입니다. 그리스도인과 비그리스도인의 차이가 여기 있습니다. 스스로 창대해지려고 노력하느냐, 아니면 오직 하나님만 우리를 입양하여 창대케 해 주실 수 있음을 아느냐 하는 것입니다. 스스로 자기충족적인 문명을 이룩하려고 노력하느냐, 아니면 하나님의 축복을 기다려야 함을 아느냐 하는 것입니다. 둘 중에 하나입니다. 하나님이 제안하시는 쪽은 후자입니다. 하나님은 자신이 친히 복과 명성을 주겠다고, 이 세상의 성이 아닌 하나님의 성―유한한 성이 아닌 영원한 성―을 주겠다고 하십니다.

물론 우리는 아브라함보다 훨씬 더 분명하고 명확한 내용을 알고 있습니다. 아브라함은 멀리서 바라보았습니다. 이에 대해 주 예수 그리스도가 하신 말씀을 기억할 것입니다. 어느 날 오후, 주님은 말씀하셨습니다. "너희 조상 아브라함은 나의 때 볼 것을 즐거워하다가 보고 기뻐하였느니라"(요 8:56). 아브라함은 하나님의 말씀을 들었고, 장차 있을 일을 내다보았습니다. 성경이 구체적인 내용을 기록하고 있지는 않지만, 하나님은 뱀과 뱀의 후손에게 치명타를 가할 구원자이자 궁극적인 메시아가 그의 허리에서, 즉 그의 자손 중에서 나올 것을 알려 주셨습니다. 어떻게 보면 구약 역사는 바로 그 자손들이 번성해 나간 역사, 한 남자와 그 아내와 이삭이라는 아들과 그 자손들로부터 시작하여 마침내 한 아기가 베들레헴에서 태어나기까지의 긴 세월을 기록한 역사라고 할 수 있습니다. 그 아기는 아브라함의 자손이었습니다. 아브라함의 아들이었습니다. 하나님이 아브라함에게 희미하게 계시하신 약속, 아브라함이 멀리서 바라보았던 약속은 이렇게 성취되었습니다.

아브라함이 내다본 일이 또 한 가지 있습니다. 하나님이 언약의 아들 이삭을 번제로 바치라 하셨던 일을 기억할 것입니다(창 22장). 아브라함이 손을 들어 아들을 치려 하는 순간, 하나님이 그를 막으시며 제물로 쓸 양을 이미 준비해 놓았다고 하셨습니다. 거기에서 아브라함은 하나님이 자신에게 명령하셨다가 막으신 이 일을 자신의 후손으로 육신을 입고 올 또 다른 아들에게 친히 행하심으로써 구원을 이루실 것을—희미하게나마—내다보았습니다.

다시 말해서 하나님의 이 제안에는 복음의 제안까지 포함되어 있었던 것입니다. 이미 말했듯이, 하나님은 성령으로 우리를 찾아와 마음에 파문을 일으키시고 죄를 깨우치십니다. 세상의 삶과 다른 삶, 하나님과 친밀한 삶, 죄와 어리석음을 용서받는 삶, 하나님의 아들이 성령의 능력으로 새로운 생명을 주시는 삶을 살게 해 주겠다고 하십니다. 새 이름을 주겠다고 하십니다. "하나님의 자녀"라는 이름, "하나님의 상속자요 그리스도와 함께한 상속자"라는 이름을 주겠다고 하십니다(롬 8:16-17). 하나님의 집에 입양해 주겠다고 하십니다. "네게 복을 주어 네 이름을 창대하게 하리니." 하나님은 아브라함에게 "하나님의 벗"이라는 새 이름, 온 세상에 복을 주는 사람이라는 새 이름을 주셨습니다.

기독교 메시지가 제안하는 것도 이것입니다. 세상의 삶과 다른 삶을 살게 해 주겠다는 것입니다. 자신의 힘과 세상에 토대를 두는 불확실한 삶이 아니라 하나님께 토대를 두는 보이지 않는 삶, 하나님과 화평하고 자신과도 화평한 삶, 자기 죄가 사함받았음을 아는 삶, 새로운 힘과 능력으로, 새로운 관점으로 사는 삶, 완전히 새로운 삶을 살게 해 주겠다는 것입니다.

하나님이 아브라함에게 제안하신 것이 바로 이것이었습니다. 세상의 삶을 떠나 이 삶으로 나아오라는 것입니다.

여기에서 중요한 점은 이 제안에 어떤 반응을 보이느냐 하는 것입니다. 이것은 아브라함 일생일대의 중요한 순간이었습니다. 하나님은 그에게 떠나라고 하셨습니다. 그가 어떻게 반응했습니까?

이에 대한 대답은 '하나님을 믿었다'라는 것입니다. 성경은 이렇게 말합니다. "아브라함이 하나님을 믿으매 그것을 그에게 의로 정하셨다"(갈 3:6). 그는 고향을 떠났고 모든 명령에 순종했습니다. 무엇을 근거로 그렇게 했을까요? 순전히 하나님이 하신 말씀을 근거로 그렇게 했습니다. 들은 말씀 외에는 다른 근거가 없었습니다. 그가 말씀하셨다는 증거가 따로 있는 것이 아니었습니다. 그 말이 적힌 종이를 보여 줄 수 있는 것도 아니었습니다. 아마 친척들은 반대하며 말렸을 것입니다. "대체 어딜 가겠다고 그래? 우린 한 번도 여길 떠난 적이 없어. 넌 지금 사회와 문명을 떠나 장막생활을 하겠다는 거야. 거류민이나 나그네 신세를 자청하는 거라고. 미쳤어? 대체 왜 그래? 무슨 근거로 이러는 거야?"

아마도 그때 아브라함이 할 수 있었던 말은 "살아 계신 하나님의 말씀이 근거입니다. 저는 기꺼이 그 말씀대로 할 생각입니다"라는 것뿐이었을 것입니다. 하나님이 부르셨다는 이유로 그는 믿었습니다. 오직 그 이유로 믿었습니다.

말씀을 믿는 것이 믿음입니다. 세상의 삶과 다른 삶에 대해 해 주신 말씀을 믿는 것이 믿음입니다. 내 인생관은 어떻게 형성되었습니까? 신문으로 형성되었습니까, 성경으로 형성되었습니까? 여러분은 세상과 세상의 체제에 대해 어떤 생각을 가지고 있습니까? 세상이 하나님을 떠나 그 진노 아래 있으며 곧 멸망한다는 사실을 알고 있습니까? 아브라함은 이에 대해 하나님이 해 주신 말씀을 믿었습니다.

하나님은 그렇게 믿는 순간, 세상의 삶과 다른 삶을 시작할 수 있다고 하셨습니다. 세상에서는 장막에서 자식들과 함께 거류민으로 살겠지만, 그럼에도 하나님을 향해 계속 나아갈 것이라고 하셨습니다. 하나님과 바른 관계를 맺을 것이라고 하셨습니다. 하나님이 친히 복을 주겠다고 하셨습니다. 번영을 주겠다고 하셨습니다. 아브라함은 이 말씀밖에 내세울 것이 없었습니다. 대체 이 말씀을 믿어야 합니까, 믿지 말아야 합니까? 믿음은 "하나님이 말씀하셨으니 믿는다"라고 말하는 것입니다. 아브라함은 하나님을 믿었습니다.

우리의 문제는 아브라함처럼 하나님을 믿느냐 하는 것입니다. 복음은 아주 간단하게 말합니다. "하나님이 세상을 이처럼 사랑하사 독생자를 주셨으니 이는 그를 믿는 자마다 멸망하지 않고 영생을 얻게 하려 하심이라"라는 말씀을 믿으라는 것입니다(요 3:16).

어떤 이는 물을 것입니다. "나사렛 예수가 하나님의 아들임을 증명할 수 있습니까?

어떤 이론을 증명하거나 기하학 문제를 증명하듯이 증명할 수는 없습니다. 수학적인 증거를 제시하듯이 증거를 제시할 수는 없습니다. 그러나 예수가 누구인지 설명하고 제시해 주는 하나님의 말씀은 있습니다. 그는 하나님의 아들이자 사람의 아들입니다. 하나님의 말씀인 성경이 그렇게 말하고 있습니다. 저는 그 말을 믿습니다. 성경은 모든 것을 버리고 그를 따르며 그에게 자신을 맡기는 사람은 하나님의 복을 받는다고 말합니다. 이 말을 믿는 것이 믿음입니다. "전능하신 하나님이 말씀하셨으니 믿겠다"라고 하는 것이 믿음입니다. 그저 하나님을 믿는 것이 믿음입니다.

사람들은 이른바 과학적인 이의를 제기합니다. 기적이 이해되지 않는다고 반발합니다. 그것은 믿음이 아닙니다. 믿고 나면 불합리할 것이 없습니다. 믿고 나면 이치가 보이기 시작합니다. 모든 의문이 절로 풀리는 데 경탄하게 됩니다. 그러나 처음에는 하나님의 말씀밖에 없습니다. 아브라함은 그 말씀대로 했습니다. 믿음—신앙—은 순종하는 것입니다.

순종은 당연히 믿음의 핵심요소입니다. 성경은 굉장한 표현으로 이 점을 지적하고 있습니다. "이에 아브람이 여호와의 말씀을 따라 갔고"(창 12:4). 아브라함은 하나님의 말씀대로 행동했습니다. 그 말씀을 믿고 떠났습니다. 저는 이것이 성경에서 가장 멋진 말씀 중 하나라고 생각합니다. 히브리서 11장은 또 어떻게 표현하고 있습니까? "갈 바를 알지 못하고 나아갔으며"(8절). 어디로 가야 할지 모르면서도 갔다는 것입니다. 이와 관련하여 300년 전에 한 청교도가 한 말이 있는데, 저는 그 말이 참 마음에 듭니다. "아브라함은 어디로 가는지 몰랐지만, 누구와 가는지는 분명히 알았다." 이것이 믿음이 핵심 본질입니다. 믿음은 주 예수 그리스도께 모든 것을 걸고 맡기는 것입니다.

히브리서 11장이 또 뭐라고 말하는지 보십시오. 이 또한 믿음의 핵심입니다. 11장은 아브라함을 비롯한 믿음의 사람들이 스스로 "땅에서는 외국인과 나그네"라고 생각했다고 말합니다(13절). 아브라함은 세상이 전부가 아니라고 하면서, 바벨의 인생관과 도시 사회에 작별을 고했습니다. 자신을 자랑하는 자들과 벽돌과 역청으로 이루어진 세상의 삶에 영원히 작별을 고했습니다. 그가 볼 때 세상은 한 번 지나가면 그뿐인 곳이었으며 점점 죽어가는 곳이었습니다. 그리고 자신은 그런 세상을 지나가는 나그네요 거류민이요 순례자요 외국인이었습니다. 그는 참된 삶과 현실이 저 앞에 있음을 생각하며, 성을 떠나 장막생활을 했습니다.

두 인생관이 어떻게 대비되는지 알겠습니까? 이렇게 하나님께 순종하는 것이 믿음의 핵심입니다. 그렇다고 말 그대로 일상생활을 포기하고 일도 그만두고 직업도 내버린 채 여행길에 나서라는 것이 아닙니다. 영적인 의미에서 확실하게 순종하라는 것입니다. 지금 이 순간까지 일과 직업을 위해 살아왔다면 이제는 더 이상 그러지 말라는 것입니다. "이건 일시적인 것이고 덧없는 것이다. 일이나 직업이 곧 나 자신이나 내 삶 자체는 아니다. 거기에 너무 매이지 말자. 나는 외국인이다. 여기에 집을 짓고 영원히 머물 사람이 아니다. 하나님이 어디로 인도하시든 내 집은 거기에 있다"라고 말하라는 것입니다. 세상에서 자기가 외국인이요 나그네임을 깨달은 사람은 죽음과 무덤에 대한 생각을 한사코 떨치려 했던 예전과 달리, 일부러 더 그 생각을 많이 합니다. 일부러 더 세상의 덧없음을 확인합니다. "그렇다. 나는 이제 이 세상 사람이 아니다. 이 세상에서 살기는 하지만 이 세상 사람은 아니다. 나는 이 세상을 떠날 것이다. 아니, **이미 떠났다**"라고 말합니다.

제가 좋아하는 표현이 히브리서 11장에 또 나옵니다. "이는 그 [아브라함]가 하나님이 계획하시고 지으실 터가 있는 성을 바랐음이라"(10절). 다른 성의 백성들은 자신들이 나서서 "가서 성을 짓자"라고 했습니다. 스스로 건축자가 되어 터를 놓았습니다. 자신들이 모든 것을 했습니다. 항상 자신들이 주체가 되었습니다. 그러나 아브라함은 "아니, 저건 내가 원하는 성이 아니야"라고 했습니다. 그런 성은 하나님이 얼마든지 불어서 날려 버리실 수 있습니다. 지진만 한 번 나도 한순간에 돌무더기가 되어 버립니다. 원자폭탄만 하나 터져도 수십 개 성이 한꺼번에 가루가 되어 버립니다. 그런 것은 영구한 성이 아닙니다. 제가 추구하는 성, 목적지로 삼는 성은 만세반석에 토대를 둔 성, 인간이 아닌 하나님이 친히 계획하시고 지으시는 성입니다. 하나님이 기획자요 설계자요 건축자가 되어 세우시는 성입니다. 그 성—하나님의 성—은 결코 무너지지 않고 흔들리지 않습니다.

이처럼 아브라함은 자신이 갈 땅을 바라보며 고향을 떠났습니다. 세상의 삶은 장막생활에 불과합니다. 영원한 삶이 따로 기다리고 있습니다.

사랑하는 여러분, 우리가 이 땅에서 살아가는 기간은 기껏해야 70년—간혹 조금 더 사는 사람도 있지만—입니다. 세상의 삶은 덧없는 것입니다. 죽음 너머, 이 세상의 삶 너머, 무덤 너머에 영원한 세계가 있습니다. 우리는 지금 거기로 가고 있는 중입니다. 이 땅의 삶은 예비학교 생활에 불과합니다. 우리는 오늘 여기 있다가 내일 떠날 사람들입니다. "이 천지 만물 모두 변하고 쇠하나."* 그러나 장차 올 삶은 영원한 삶입니다. 우리는 그 삶을 바라보아야 합니다. 그 삶이 실재입니다.

아브라함은 모든 손해를 감수했습니다. 조카 롯이 넓은 들판과 비옥한 골짜기가 있는 좋은 성을 골라 거기에서 가축과 양 떼를 기르겠다고 할 때에도 기꺼이 양보하고 산꼭대기에 남았습니다. 그런 문제로 크게 고민하지 않았습니다. 이 세상 너머에 있는 세계를 계속 바라보았습니다. 아브라함의 이야기를 직접 읽어 보십시오. 그가 늘 이렇게 살았음을 발견할 것입니다. 성경은 그가 제단을 쌓고 하나님께 영광 돌리는 일에 많은 시간을 들였다고 말합니다. 또한 그는 하나님이 언약의 아들 이삭을 죽이라고 하면서 시험하셨을 때에도 기꺼이 그 명령을 받아들였습니다. 왜 그랬을까요? 하나님이 원하시면 죽은 자 가운데서 능히 다시 살리실 것을 알았기 때문입니다. 그 만큼 그는 하나님을 믿었습니다(히 11:19).

이처럼 믿음은 계속적인 순종으로 나타납니다. 그렇게 믿고 순종했기 때문에 아브라함이 하나님의 벗이 된 것입니다. 역사상 가장 신사다운 신사가 된 것입니다. 거인처럼 죄에 빠진 세상을 성큼성큼 걸어 나가며 승리의 삶을 살아 낸 고상한 영혼이 된 것입니다.

사랑하는 여러분, 여러분과 저는 아브라함보다 한참 후대에 살고 있는 사람들입니다. 그러나 아브라함처럼 살고 싶지 않습니까?

* 찬송가 531장 2절 참조.

아브라함처럼 죽음과 그 너머 세상을 보고 싶지 않습니까? 그 비결
은 이미 말씀드렸습니다. 하나님을 떠난 삶에 대해 해 주신 말씀을
믿고, 그 삶에서 떠나십시오. 그 삶은 여러분을 만족시키지 못할
뿐 아니라 비참하게 만듭니다. 그리고 결국은 죽음과 하나님의 심
판을 거쳐 영원히 망하게 되어 있습니다. 그 삶에서 떠나십시오.
그 삶에서 떠나 예수 그리스도를 따르라는 하나님의 부르심을 들
으십시오. 그러면 그가 여러분의 죄와 어리석음을 용서해 주실 것
입니다. 그리스도가 이미 여러분 대신 그 벌을 담당했다고 하시면
서 값없이 용서해 주실 것입니다. 새 이름, 아들의 이름을 주실 것
입니다. 삶의 길과 죽음의 길에서 여러분을 인도하여 무궁한 지복
과 기쁨이 기다리는 영원한 성으로 이끌어 가실 것입니다.